定年後の人生を黄金期にする方法

野口雄志
Yushi Noguchi

KKロングセラーズ

まえがき

今、輝くことが定年後をさらに楽しくする

この本を手にお取りいただきまして、有難うございます。

はじめまして。野口雄志と申します。

前職を四三年間勤め上げて、定年後三年半が経過しました。現在はコンサルティング会社を起業し、人材育成や経営戦略、ＩＴ戦略などの策定、実行をお手伝いしながら、お客様自身もお客様の会社も元気にすることをビジョンとして掲げています。

最近、初めてお会いした人や以前の職場で一緒だった人たちから「どうしてそんなに元気なのですか?」とか「やけに楽しそうですね」などと声を掛けていただくことがとても多くなりました。

自分でも日々（といっても過言ではないのですが）充実した毎日を送っていると実感していますし、毎日成長したいし、成長もしていると思っています。ですから何をしていても楽しくて仕方がない。

家族といる時も、仕事をしている時も、遊んでいる時も、国内外に多くある出張による移動中でも、宿泊先でも、そして何よりも多くの新しい友人に出会う時や新しい仕事と出会う時には、とても充実した、輝くキラキラした時間を過ごしていると感じています。

こんな私も、定年前は会社内のＩＴ（情報システム）部門の責任者として、関係会社も含めて三〇〇人くらいの仲間と仕事をしていましたが、時にはほんとうに苦しい日々もありました。性格的には前向きなのでそのような時でも楽しく仕事をしようと努力をしていたのですが、やはり大会社組織内での限界は感じていました。

その当時は、毎日元気でストレスもコントロールできているつもりで、苦しい中でも、それなりに楽しんでいました。

しかし、今思うと、その頃の毎日が今感じるように充実していたかと問うと、やはり答えはノーになります。特に当時は定年後の充実感など思う余裕もなく毎日をこなすのが日課になっていました。

あの時に、もっと定年後の面白いことをイメージできていたら、あるいはあの時にガイドブックがあって「定年後の黄金期」を楽しむためには、「こんなことを勉強したり、社外ネットワークを作ったりなどするとあなたの定年後は充実します」というような情報があれば、もっと違っていたかもしれません。そして残りの会社生活がもっと輝いていたのではないかと、とても残念に思います。

そのような意味で、この本を書かせていただきました。これからもっと活躍していただきたい六〇歳以降の方々がどんどん元気になられるように、それと同時に、四〇代、五〇代の方々が「今、輝くことが定年後をさらに楽しくする」と信じ、現在の組織の中でさらに自分を磨くには何を考え、どう行動すべきか、そして今の環境を、次世代のためにさらに良いものにするにはどうすべきかを考える一助になればと書いたものです。

もちろんご本人に読んでいただきたいのですが、ご本人だけではなく、ご主人にもっとキラキラしてほしいと願う奥様に、そして「お父さん、最近とても元気がない」と心配しているお子様からのプレゼントにしていただければ幸せです。

筆者としての熱い想いを皆様の心に必ずお届けすることができると信じ、皆様が今から黄金期を目指して行動を起こされること、そして必ず実現されますことを祈っております。

野口雄志

目次

第一章 六五歳、第二の人生が最高に楽しくて充実している理由

第二章

「定年」の文字が頭に浮かんだら、実行したいこと

第三章

無理せず、前向きに、後悔しないように

第四章　仕事に対する情熱と誇り

第五章

企業人として学んだ貴重な財産

第六章 常に面白いことを求めて人生を楽しむ

第七章 定年後に心の平安を

第一章

六五歳、第二の人生が最高に楽しくて充実している理由

①「起業するしかない」との結論を出す

定年退職後、二カ月間のハローワーク通いを経て今の会社を起業しました。最初は会社に再就職することを考えていたのですが、再度組織で働くことがこれからの自分にとって楽しいのかと自分に問うた結果でした。

それまでは大組織の中でも恵まれた上司、環境のもとで仕事をしてきましたので、組織人としての自分も決して嫌いではなく、むしろ組織にいることによるダイナミックさやチームワークの楽しさなどを十二分に味わってきました。

したがって、どのような組織でも対応はできると思っていました。ただ自分が再就職する組織は自分の責任の下、経営に参加したい望みを強く持っていました。

それは組織の大きさや経営者の考え方にもよりますが、組織の中には経営層でないとできないことが山のようにあることを身をもって学んでいたからです。

どんなに会社のためになる、社員のためになると考えていても、その時の経営者の考えでできないこともあり、また大きな会社であればそのようなアイデアさえも日の目を見ないことも考えられます。

そのようなことを考えていると、元上司である先輩のアドバイスなどもあり、自分で起業するしかないとの結論に達したのです。

今思うとその時の判断は、私にとっては大正解でした。

誰でも決断の時はあると思います。多くの方々の意見を聞きながら自分自身で判断していきましょう。

②「笑顔」「前向き」「明るい」のオンパレード

まず自分の強い想いである「人々を元気にし、日本を元気にしたい」という部分を常に意識して仕事ができることが、とても大きなモチベーションになっています。

現在の会社を起業して三年半が経ちました。お陰様で順調に売り上げは伸びています。

今お会いする皆様にどのような毎日ですかと問われると、実に充実して楽しく、こんなに素敵な人生になるとは思ってもみませんでしたと答えています。

事実、毎日が実に充実していて、楽しく、やりたいことが満足にできている状態です。

実際に私が従事している仕事内容をご紹介しておきます。

手伝ってくれるパートナーはいるのですが、社員は私一人の会社ですから、自分自身が楽しめて自信を持って取り組める仕事であり、かつ、お客様個人やお客様の会社が私の活動で成果や効果が出る、また元気になれるような仕事のお手伝いをすることを基本にしています。

報酬はもちろんいただくのですが、どちらかというと報酬ありきの契約ではなく、良い仕事をして結果として報酬をいただくというスタンスで仕事を行っています。

具体的な仕事の内容ですが、肩書はコンサルティング会社代表で、業務内容は物流やＩＴ（情報システム）、それらを活用した戦略策定、経営のアドバイス、ＩＴプロジェクトの企画や支援、人材育成、講演・セミナー講師、海外ＩＴ企業視察研修コーディネーターなどの仕事をしています。

もう少し具体的には、現在の定期的な仕事としましては、中堅ＩＴ会社の社外取締役、

ＩＴ開発会社の顧問、アドバイザーなどが四社あります。これは月に一回や週に一回の会議に出席し、各種助言を差し上げる仕事です。スポットで入ってくるセミナーや講演の講師の仕事、そしてスポットで入ってくるプロジェクト支援の仕事もあります。

このスポットコンサルティングは、二時間の場合もありますし、一日の場合もあります。相談内容は物流系の会社、ＩＴ系の会社共に経営戦略や営業戦略、社内活性化の相談などもあります。

現在の活動時間の割合で示しますと、最近特に多くお仕事をいただいているセミナー講師、講演講師で準備なども含めまして五〇％の時間を使用し、スポットのプロジェクト関連で三〇％、定期支援のアドバイザー業務で二〇％になります。

これらのすべての仕事が今までの経験を活かし、かつ、新しい発想や手法で依頼主や聴講していただく人たちに「元気」や「楽しさ」が湧き出すヒントを提供している身分です。

もちろん仕事ですから、常に進化させ、厳しいニーズや要求にも合うように相当の努力はしていますが、働き方は「きつい」、「厳しい」、「暗い」ではなく「笑顔」、「前向き」、「明るい」、「楽しい」のオンパレードになっています。

仕事以外でも毎年新しいことに挑戦しています。一昨年は沖縄三線を極めたくて一年間のレッスンに通い、それなりに弾けるようになり、昨年からはゴルフをさらに上達したくてレッスンに通い、今年はいよいよ今皆様に読んでいただいている執筆活動に挑戦するという具合です。

仕事はもちろん、趣味や遊びも自分の力を思う存分出すことができる環境は、やはり楽しいし、成果も上がる、そして人も集まってくる、必然的に情報や仕事も集まってくると思っています。

自分で言うのも何となくおかしいのですが、キラキラ輝いている自分がいます。仕事はかなりしているのですが、とにかく楽しくてしようがない。なによりも今の自分がそのような環境にいることを実感していると同時に、とても感謝しています。

自分自身が輝ける環境とは何かを考えながら進めていくと、いい進路につながると思います。

③ 組織の看板を下ろすことを自覚する

四三年間大きな会社（従業員が三万人〜四万人）に勤めていて、その時は全く感じなかったのですが、自己紹介や名刺交換などで「ＸＸＸＸ会社の野口です」ということが当たり前であったために大企業のネームバリューは凄い威力がありました。

地位が上がる度に先方の会う人も違ってきますし、パーティーなどにも多く招待されて著名な方々にも紹介されていました。

最終肩書は役員と同等の「常務理事ＩＴ推進部長」でしたので、ＩＴ系のイベントやユーザー会などのパーティーに参加することにより、多くの方と名刺交換をさせていただきました。

定年退職することはその看板を外すことになります。またその役職も外れることになります。

言うなれば、ただのおじさんです。おじさんが悪いわけではないのですが、そのことを自覚していないと定年後からの新たなネットワーク作りで苦労するケースがあります。

私は、定年前の職位で年間に使っていた名刺は約一〇〇枚でした。それが今は年間約三〇〇枚から四〇〇枚使用しています。

それだけ単純にお会いしている人が多くなったこともさることながら、今までパーティーなどで、あちらから来ていただいた人たちが来なくなった分、こちらから積極的にご挨拶をさせていただくことも多くなりました。

またセミナーや講演会でも、できる限り講演後に時間を作って名刺交換をさせていただくようにします。そうすることにより少しでも『グリットコンサルティング』という会社名を覚えていただくためでもあります。

定年後からは今まで以上に謙虚にし、かつ自分から動くことで、看板を下ろしたあとに活路を見出すことになると思います。今は当然ですが、出張の交通手段の手配からホテルの手配、主催者との打ち合わせも自分で行いますし、それがまたとても楽しい出会いを生んだりもします。

④ 新しいネットワークがまた新しいネットワークを生む

これも前職ではなかったことなのですが、今二〇代から六〇代まで様々な職業の方々と知り合う機会が増えています。一番大きな違いは自分自身の動きの差だと思っています。

前職の時には、組織人としての動きであったために自ずと行動範囲が決まっていました。自社の営業関連であればお客様は法人の企業が多く、ＩＴ関連では日本、あるいは外資のＩＴ系の企業の方々が圧倒的に多かったのです。むしろ、それ以外に知り合うケースはごく稀にあるぐらいで、たとえば講演にお招きした元スポーツ選手や歌手の方々、飲み屋で隣り合わせた公務員の方々などでした。

今は、日本全国に同じ『講師塾』（志縁塾：大谷由里子氏が代表）で知り合った、あるいはその関連で紹介された多くの方々がネットワークとして存在しています。

職業は実に様々で公務員をはじめ放送局の人や大手自動車会社の人、建築会社の役員、物流会社の社長、税理士、大学生や銀行員、出版会社の役員、指圧の先生、美容室のオーナー、ラーメン屋さんから酒蔵の跡継ぎなどなど数えきれない人たちと友人関係が生まれ、互いに刺激し助け合いながら「皆を元気にしたい」という目標で講師を目指し、プロとして人前で話す職業についている人もたくさんいます。

そんな仲間たちからさらに派生してネットワークが生まれている状況です。

これはすごい刺激でエネルギーを感じます。六五歳の年齢でこのようなエネルギーを感じることができたのは、やはり自分から動いて、ある書籍を手にし『講師塾』に入塾したのがきっかけでした。

5 人前で話すことは定年後の究極的な楽しみ方

定年後は自分が経験してきたことを人前で話す機会を作ることを皆様に勧めています。

人前で話すなんて、とおっしゃる方もいるかもしれませんが、これがとても楽しいのです。

もちろん私もやっています。

何といっても自分の経験や後世に残したいことを大きな声で多くの人に伝えることがで

きて、しかも聞いている人の心を動かすことができれば、人に良い影響を与えられるのです。定年後の究極的な楽しみ方だと思っています。

私は以前から人前で話すことを多く経験してきましたので、講演を頼まれても抵抗なくお引き受けすることができましたが、そのような経験がない方はいささか戸惑うかもしれません。しかしこれも訓練さえして経験を多く積めば必ず楽しくなっていきます。訓練の手段はこれもたくさんあります。

私は前述の大谷由里子先生の主催する講師塾セミナーを受講したのです。

人前で話すことは自分自身にとってとても勉強になると同時に、さまざまな経験をすることができる貴重な機会だと思います。

自分の想いをただ話すのではなく、心の声を相手に伝えるわけですから真剣さが違います。そして聞いている人達の反応により、次の話の内容を臨機応変に変えるテクニックや常に話の内容を進化させていく向上心なども養われます。

さらに話を面白くしようと考えると、もっといろいろな経験をして情報を仕入れたり、たくさんの人と会って話を聞いたりと全く年齢に関係がありません。

ぜひこのような機会を作っていくことをお勧めします。

⑥ 一人だから軽くなるフットワーク

定年後に起業してから、仕事を通してお付き合いを始めた方からフットワークの軽さをお褒めいただくことがよくあります。これもあまり意識をしているわけではないのですが、一人で仕事をしていると、自然にフットワークが軽くなります。

面談の依頼があればお客様の希望に沿い、空いていればその日のうちにお邪魔しますし、その仕事を受けられるか否かは、自分の予定次第ですからすぐに決めることができます。

組織の中にいると担当者の調整が入ったり、予算があったり、他の計画があったりで、すぐに日程が決まらなかったり結論がなかなか出なかったりと、どうしても時間がかかってしまいます。

会社規模が大きくなればなるほど結論が出るのに時間がかかる場合があり、待っている方とすれば、いい加減にしてほしいと思うことが、小規模の会社であればすぐに決断ができ、しかも品質が良ければお客様は当然こちらを使用していただけます。

このフットワークの軽さは定年後の仕事のひとつの売りになることもあります。

またメールの返信、事務処理の回答なども自宅で仕事ができる環境ですので、すぐに対応が可能であり、このようなところもフットワークの軽さの印象があるのかもしれません。

定年後にフットワークが軽くなる、軽やかに仕事をこなすというのは最高の誉め言葉になります。

とにかく自分一人ですから、何ごともすぐにする、早くする、喜んでする、と心に決めて動くことです。

⑦「憧れの存在」を目指す

最近「野口さんのように生きたい」とか、「目指しています」と言われる機会があります。自分ではとても嬉しいことなのですが、言われるたびにもっときちんとしなくてはと思う毎日です。

実は自分にもこんな人になりたいと思う人が何人もいます。それは私よりも年上の方に多いのですが、言わば「憧れの存在」です。

条件は「格好良い大人」です。これは見かけだけではなく、生き方が格好良いのです。たとえば七〇歳になっても仕事は現役でされていて、趣味も楽しみ、身だしなみも清潔で、考え方も若く、会合などでも積極的に若い人との会話を楽しみ、また若い人たちが周りに集まってくるような、そのような人になりたいとずっと思っています。

まだまだ今の自分はその域に達してはいないのですが、目指し続けています。

ただし、あまりに意識し過ぎてそのような人になるために無理をしていると、身体を壊し、他の所で何らかの歪みがでてしまいかねません。だからこそ自然体で本人は意識せず、今の自分のままで楽しく、充実した生き方をしていることでそのような大人になっていくようにしたいのです。

これは、今の高校生や大学生、あるいは二〇代の人たちにも機会があると話しているのですが、彼らも格好良い大人を目指してほしいのです。

よく若者たちの間で大人の嫌な面ばかりを見てしまって、「年を取りたくない」とか、「大人になりたくない」とかいう人たちを見かけますが、そんな人たちにこそ憧れる大人像を持つことを勧めています。

⑧ ときめき、好奇心を持ち続ける

ここでいう、「ときめき」とは別の言い方をすれば「好奇心」です。

定年後に色々なことに好奇心を持つようにしていますが、今までは、ほとんど気に留めなかった事柄や物、企業や人など気になることが驚くほどたくさんあります。

時間がありますので、調べることは幾らでもできて、これも楽しい時間の過ごし方になります。それが仕事につながっていると最高です。

定年後は、自分のアンテナや感覚をオープンにしていないと好奇心も湧いてくる機会がないと思います。

自らの感覚を磨くというのは、私の場合には街に出て、人物ウォッチや建物施設ウォッチ、雑誌や書籍で面白い特集を探したりしています。これも自由な時間を使って十分にできることだと思います。

先日、ベトナムのＩＴ企業と一緒に仕事をすることになり、ベトナムにおけるビジネスに好奇心が俄然湧いてきましたので、いろいろとベトナムでのビジネスの在り方について調べ始めています。

今年は二回ホーチミンに出張し、街中を歩きながら日本企業の進出状況や現地での親日度、日本語の普及程度など、調べ始めると限りないのですが、とても興味がわいています。仕事のときめきばかりでなくベトナム美女にもときめきたいと思うのですが、なかなかチャンスは訪れません。

また音にときめくのもとても素敵だと思います。今年あるパーティーで知り合いましたお琴の先生、音楽家の方なのですが、洋楽器とのジョイントコンサートをされていて、何度か見に行っているうちにお琴の音色にときめいてしまっています。

特にピアノ、パーカッションを加えた和洋楽器のコラボレーションは、今までの感覚とはまた違う、とても素晴らしい音色を創り出し感動する音楽となっています。これからも異色のコラボを応援していきたいと思います。

9 自分で動くと楽しさが倍増する

まだまだ仕事も趣味の世界でもやりたいことは山のようにあります。

そのためにはどんな機会でも決して逃さないことが大事です。今情報が氾濫している社会ですが、その中で自分にとって必要な情報はどれかということを見抜く力を養っておくこと、そして狙いを付けて動き始める。これが大事だと思っています。


今の仕事は、よく言われる「営業」はほとんどしていません。ホームページ、フェースブックに会社の紹介と実績は載せてありますが、大部分は以前一緒に仕事をさせていただいた方からのご紹介や、一度セミナーや講演を聞いていただいた方からのお声がけなどで、ホームページからの問い合わせもたくさんいただいています。

今自分が与えられた仕事に心を込めて、最高の品質で、相手の気持ちを動かせるそのような仕事にしようと取り組んでいます。

そのためにはどうしたら喜んでいただけるかを常に意識し、進化させています。

そのようなことを考える状況もとても楽しく、前向きになれるひと時です。自分がもっと向上できるのではないか？　といつも感じながら動いている毎日です。

これを読んでいる読者の方も何かありましたら、ぜひご連絡をください（しっかり営業しています）。

第二章

「定年」の文字が頭に浮かんだら、実行したいこと

⑩ 自分のために自分で決めて、自分で実行する

五〇歳を過ぎると会社の中でも大ベテランの部類に入ってきて、まだまだ社内の次のステップに向けてバリバリと仕事をする年齢だと思います。最近は役職定年とか早期定年制度などが各企業ともプログラム化され、働く者にとっては否が応でもあと一〇年をどのように働くかを考えなければならない時期に入ってきます。

しかし現実には今の五〇歳といえば体もまだまだ若いですし、気持ちも盛り上がる年代ですので、毎日の仕事に追われ会社を定年になるとか、一〇年後の自分の姿などを考えることなどほとんどないと言っても過言ではありません。この私がそうでした。

とにかく毎日が戦いでした。まだ私の場合には五〇歳はアメリカのシカゴが勤務地でしたので、日本での働き方とは若干違う面がありましたが、それでも毎日あっと言う間に過ぎ去ってしまいますし、休みの日にはできる限り身体を休めていたというのが実態でした。

五四歳で帰国してからも新しい勤務地ということもあり、慣れることと新しい役職で自

分が会社のために何ができるのだろうかと最初はかなり悩みました。そのような状況ですから「定年後」のことなど頭の片隅にも浮かばなかった私でした。

今つくづく思うのは、あの時に今の自分の姿をある程度イメージして行動を起こしていたら、最後の三年間は感じていた不安もなく、もっと充実した働き方の中で良い成果を出せる思い切った仕事ができたのではないだろうかと反省するばかりです。

また実際の定年後でも、もっと早く仕事も生活も軌道に乗せることができ、定年と同時に輝く黄金期を手に入れていたであろうと思っています。

何かきっかけがないとその時に「定年後」のことは考えないと、今でも思いますので、皆様にはこの本を一つのきっかけにしてほしいと思っています。

「こんな考え方もあるのだ」とか「少し考え始めようかな」と皆様に思っていただくことが、この本を書いている私としてはまさに狙いになります。

ただし、今置かれている状況からせっかく計画を立てても取り組めない場合もありますので、柔軟に、かつ、あきらめずに、何度もやり直せるように計画も立てるようにして下さい。

自分の人生ですから、自分のために自分で決める、そして自分で実行するのは当たり前のことです。ここであきらめたらきっと後悔してしまうのではないでしょうか？

そこでこの章では皆様の頭に浮かんだ、あるいはご家族との話の中に「定年」の文字が浮かび出したらぜひ実行していただきたい項目をステップに分けてまとめてみました。六〇歳になってからではなく、五〇歳あるいは四〇歳から動き出すのがベストだと思います。ぜひ参考にしていただき、不安なく現職に没頭し、良い仕事をされますようお願いいたします。

⑪ 最終ゴールと五年後のイメージ作り

❶まずは今の仕事を間違いなく成果以上に仕上げること

五〇歳を過ぎたなら、できる限り自分の想いを投入できる仕事をやりたいものです。とは言うもののまだ会社に勤めている身分ですので、六〇歳からの二〇年間強の年月で無理をせず、楽しく働くことができて、そしてお金を稼げる仕事を考えなければなりません。

そのためには、今から自分の将来の仕事に対する壮大な夢を思い描いてもそれを叶えるのは難しく、夢よりもむしろ目標を立てる程度の考えでいることで動きが現実的に進んでいきます。

まずは今の仕事を間違いなく、成果以上に仕上げることを心がけて下さい。それをベースにしませんと、今の仕事に追われてしまって将来の準備どころではなくなるからです。まずは今の仕事をこれからのプラットフォームとして確立させます。

❷余裕を持って働ける自分を作る訓練をする

既に今の仕事は管理職であり、順調に回っているので自分の時間が自由にできる人でも、今の会社の中で新しいことにチャレンジしたり、自分の考え方を踏襲する人材を育てたりと、やるべきことはたくさんあると思います。

そこでまず余裕を持って働ける自分を作る訓練をして下さい。その余裕は間違いなく現在の仕事を良い方向へ向かわせますし、それを見ているスタッフや同僚に良い影響を与え始めます。その上で現業と同時にできる定年後への準備と就業時間外に行う準備を分けて考えます。

現業と同時に、定年後への準備などできるのかとお考えの方もおられるかもしれませんが、今の仕事をしながらできることはたくさんあります。

まず社外ネットワーク作りや自分の仕事の継承業務などが考えられます。社外ネットワーク作りに関しましては、別項でご説明したいと思います。

❸五年後、そしてまた五年後の自分をイメージする

次に五年後の自分をイメージします。その時に何をしている自分がイメージできるのか？　楽しそうな自分がイメージできるかどうかが問題です。たとえば五年後の私は事務所を新しくして、今の仕事をさらにレベルアップして積極的に自社セミナーを開き、人と人とのネットワーク作り、ご縁づくりを広げていることをイメージしています。

このようにまずはイメージ作りをしていきますが、現年齢によってまだ会社員として働いている方もいるわけですから、それはその姿をイメージしてください。

既に上の役職に落ち着いているのか、あるいは子会社に移っているのか、これも自分が目指している会社内の立ち位置に向かってイメージできることが望ましいのです。

そうすることによって、それが現実化していくことになりますから。そして五年経ったらまた次の五年後をイメージします。この本の読者の方が四五歳だったら五〇歳、五五歳、六〇歳と五年毎にこのイメージ作りを進め自分の計画を見直します。

五〇歳がスタートであれば、五五歳、六〇歳です。定年以降もこのサイクルで五年後を意識して続けていくことをお薦めします。

もちろん定年後の自分の姿は自分のやりたい分野でイメージができることが最も望ましいのです。コーヒーショップのオーナーやアイデア商品の製造・販売、海外で仕入れた商品のネット販売、スポーツトレーナーやヨガの先生なども私の周りにたくさん存在しています。皆さん定年退職されて起業された方々です。

小学校の時によく聞かれた質問に「将来何になりたいですか？」というのがあったと思います。最近ではスポーツ選手や警察官、医師、パティシエ、花屋などの答えが多いそうです。ここではまさに今の年齢でも「定年後、何をやりたいですか？」と聞かれた時に答えられるイメージ作りをしてほしいということです。

即ち、定年後に自分のやりたいことを明確に持っておくことで生き方が前向きになり、若さを保ち、さらに輝く人生への入り口になるからです。

定年後はゆっくりしたいなどと考えていましたら、ぜひ考え直していただきたいと思います。イメージができれば、あとはそれに向かって計画を立てて、進めていくことになります。

⑫計画づくりとそれに向けた目標設定をする

❶この一年間に成し遂げたい目標を決めて、それに向かっていく

先ほどイメージされた五年後のイメージに向かって毎年の計画を考えていきます。それに合わせて目標を設定します。これはまだ定年までに時間がある人でも最終的には必ずやってくるわけですから、早めに計画づくりを始めることは将来への着地点が広がります。思いついた時に開始して下さい。普段の生活の中でも十分に使えるテクニックです。

計画づくりといっても一年間のスケジュール表に事細かくやるべきことを書く必要はあ

りません。この一年間で成し遂げたい自分自身の目標を決めて、それに向かって何をするべきか、何をすれば目標達成できるかを考えます。目標設定ですから多少高めの目標の方がやりがいは出てくるかもしれません。

一年毎の企画、計画が五年後のイメージに繋がることがベストではありますが、中には繋がらないものも出てくるかもしれません。しかし必ずどこかでは繋がってくることを信じて、あまり細かいことは気にせずに目標を設定するのが良いと思います。

たとえば五年後のイメージを「定年後のコンサルティング会社起業」とした人が、この一年間の目標として全く別の資格の取得を設定したとしても、将来のコンサルティング業務に良い影響を及ぼすことも考えられますし、一年間で体を鍛えるなどというのも自分の資本になる訳ですから、間違いなく繋がってきます。

大事なことは一年毎に目標設定をしてそれに向かって生きていくことが大事なのです。ただ何となく生きているのとはモチベーションが格段に違いますし、人生の張り合いも明らかに違ってきます。

❷一年間の計画は二カ月単位で立てる

一年間の計画の立て方ですが、二カ月単位で計画を立てます。

たとえば新しい外国語を習い一年間で少しは話せるようにしたいとの目標で仮定した場合、最初の二カ月は語学学校や先生、クラスメイトとの関係構築と環境になれることを目標にします。次の二カ月で基本文型を使用した簡単な文を見ながらでも話せるようにします。

そして四カ月経ちましたら、一度冷静にこのまま計画通りに進めるかどうかの見直し判断をします。そして次の二カ月は、本当の日常会話の基本を見ないで話せるようにする目標を立てます。

これで半年が経過します。その後同じように二カ月ごとに計画を立てて四カ月ごとに計画のフォローと見直しをかけていくことで一年はアッという間に過ぎてしまいます。

❸一年終えたら達成度、満足度、対応策と進め方のフォローアップを

一年間を終えた時にやらなくてはならない大事なことは、自分で掲げた目標に対して、

達成度はどの程度できたか、そして満足度はどの程度であったか、さらに良い成果でなかった場合の対応策と進め方のフォローアップも忘れずに行うことにより、たとえ成果の上がらない一年間であっても、次の一年間の目標については是正された行動や計画管理で良い成果に向けて行動できることになります。

このように書くとまるで会社の予実管理のように考えられますが、まさにその通りであり、経営や予実管理の経験のある方は自分版でその経験を生かすことができます。

一点違うことは会社であれば組織における費用や計画の予実管理ですが、ここでお話ししているのはあくまでも自分自身の生き方、生き様の予実管理になるわけで、これを自分の責任だから適当で良いと考えていると、五年経っても何も変わらない状況に陥ってしまいます。

そんなにストイックになる必要はありませんが、毎日を着実に自分の目標に向かって生きられる人が必ず定年後の黄金期に近づくことになります。

定年前の準備で必ず差が出てきます。自分の商品価値を固めるための自分磨きが定年前にできるかどうかです。在職中に就業規則を守りながらその準備ができていると、起業や定年後のシミュレーションが非常にスムーズになります。

⑬ 定年後のシミュレーションをしよう

❶ 一年毎にイメージ確認とシミュレーションを

五〇歳を過ぎても、心の中でまだ定年まで時間があると感じる方は、一年毎にイメージ確認とシミュレーションを行うことをお薦めします。一年間の計画は様々な理由があり途中で変わることがあると思います。会社での転勤や仕事の関係で自分の人生計画を変えざるを得ない場合、ご家族の関係や自宅の引越しなどの理由、その他自分の想像していた行動計画ではなかった場合なども考えられるでしょう。

一年ごとの計画は立てたものの、それが変わってくるのは当然のことであり、一度立てた計画をこの段階で、がむしゃらにつき進む必要もありません。

次の一年を待つまでもなく、そこで一度リセットして見直しをすることが必要です。そこで行う作業は今時点からの一年の計画の立て直しと、もし定年後のイメージが変わるようであれば、そのシミュレーションもやり直します。自分の人生ですので、イメージがわかなければ、あるいはイメージが違っていれば何度でもイメージ作りや計画をやり直せばいいのです。

❷定年になっていたら一年ごとが勝負、毎日が勝負

読者の方で既に定年になり、まだ自分の黄金期のイメージができていない方がいましたら、気が付いたその時点で何をするのか、何ができるのかを計画し、そして計画後のシミュレーションをして下さい。それからでも決して遅くありません。

気が付いた時から新しいことを始めることがあなたの人生を充実させ輝かせるのです。ただし、もう定年になっていますので、ここからは一年ごとが勝負です。いや毎日が勝負といっても良いでしょう。

いかに毎日が充実した人生を過ごすことができるのか、諦めずに動くことです。動かずに何かが始まることはありません。一人で悩んでいる時間はないのです。やれることはたくさんあると考えて前向きに動き始めることをお勧めします。

14 これからの人生におけるリスク管理をする

❶生活に影響を及ぼすのかどうか、ハードルと課題を考える

五年後のイメージ、一年後の目標設定ができましたので、いよいよ実行に入っていくわけですが、その前に計画段階で考えておかなければならないことがあります。自分のこれからの人生におけるリスク管理です。リスクというと少し大袈裟になってしまいますが、考えられるハードル、あるいは課題と思ってください。まずは生活のことです。

自分が立てた計画について生活に影響を及ぼすのかどうかを考えます。たとえば資金が必要であれば融通が利くのかどうか、自分の家族やお子様が学生であれば学費に関しても考えなければなりませんし、親の面倒を見る可能性があればそのハードルもお金や時間はもちろんのこと、その他様々な検討を加えておく必要があります。

当面新たな資金も必要のない計画であれば、今度は時間をどのように工面することがで

きるのかも検討すべきことです。

❷どの程度の資金が必要なのか

まず資金についてですが、自分の立てた一年間の計画、そして五年後のイメージでどの程度の資金が必要なのかを検討しておく必要があります。「そんなこと面倒くさい」とか「出たとこ勝負で何とかなる」などと思っていると何もできなくなる可能性もあります。新しいことを始めるわけですから、投資が必要であればその工面にどのような手立てがあるのか、返済の計画はどのようにするのか、これからの自分の収入と今までの蓄え、それらを勘案して全体の中でとらえていきます。

当然のことですが、生活が一番です。費用面で生活に多大な影響を及ぼす計画はすぐに練り直す必要があります。特に定年直前になってきますと、綿密な資金計画を立てる必要があります。とにかく定年と同時に今までの定期収入が全くなくなるわけですから、真剣に検討を加えなければなりません。

生活の維持が一番なのですから、これらの情報や計画はすべて生計を共にする家族と共有しなくてはなりません。自分のポケットマネーで十分可能な資金であっても、必ずご家族との話し合い、共有は心がけるようにします。

この資金については、自分が定年後にどのような仕事に就くかでも変わってきます。もちろん組織に属することをお考えであれば定期収入が望めますが、私のように自分で会社を起こすとなりますと、当面の収入はあてにできないわけですから、たとえば当面は蓄えを切り崩すなどの様々な仮説も含めた計画を、十分に立てておかなければなりません。

私の場合には定年後二カ月でコンサルティングの仕事が一年間契約で締結できましたので、毎月幾許かの定期収入のあてができました。それを基本の収入として一年間でさらなるコンサルティングの仕事やスポットの講演、定期セミナーを開催していただけるベース作りをこの間で行うことができました。

そうこうしているうちに一年契約の顧問やアドバイザー、社外取締役のお話など順次お声掛けいただいたのでとても恵まれていると思います。これらも会社に勤めていた時に一緒に仕事をさせていただいた取引先の方や、外資系企業の方が独立して新たな会社の立ち上げをするお手伝いなど、社外ネットワークの構築がとても大きな財産になっています。

従って、いかに現役時代に心を込めた仕事を様々な人達と協力して成功させるかが、定年後の自分の仕事に関わってくるのです。

定年後に起業した同じ境遇の周りの社長仲間に聞いてみると、やはり理想と現実は違うと皆さんが話します。

しかし夢を諦めずに進めていくためには自分で工夫して、大事なお金の話も決して逃げたりせずに立ち向かうことをお勧めします。これは皆様が組織の中で働いている時に間違いなく身に着けている知識や経験ですから、それを活用すればよいのです。経済的なリスクは決して無理をしないことです。

❸どのように時間を使うか、家族との時間は

次のリスクとして考えなければならないのは自分自身の時間管理です。一日は二四時間しかないのですから、会社にいながら勤務時間外に何か将来のために始めようとする時には、その時間をどのように捻出するかも検討しておかなければなりません。

具体的にどのように時間を使うかの話は別の項ですることにします。ただし、お金の時と同様に家族との情報共有を必ずして下さい。家族と過ごす時間が自分自身にとって、とても重要な時間であるという意識を常に持っていることも合わせてお勧めします。

会社にいる時には上司、同僚などの仲間がたくさんいますので何かあればそこに逃げ場を見つけることもできますが、定年後、あるいはそれ以降のことを考えるとそれまで以上に家族の助言やアドバイスを求めることが出てきます。

そのためには一緒にいる時間をできる限り増やす努力も必要です。家族は最も理解してくれるパートナーであり、一緒に戦うチームメイトであり、またあなたのアドバイザーでもあります。

⑮ 体が資本の健康管理

次のステップは自分の健康管理についてです。「健康な体を保つことは何よりも優先する」、「体が資本」の言葉通り、自分の健康管理は年齢を重ねれば重ねるほど意識して生きていかなければならないと思います。

残念ながら年齢を重ねることにより自然の摂理として間違いなく体力は落ちてきます。体に無理な仕事、飲酒などは自分自身でコントロールしなければなりません。ゴルフに行くための早起きで睡眠不足になる場合なども、どこかで必ず調整しませんと回復するのに時間がかかります。

先日初めてギックリ腰を患いました。一度目は三時間のセミナーをした翌日にソファーから立ち上がろうとして「ギクッ」と。それから一〇日後に今後は講演の原稿書きをよくない体勢で五時間ほどしていた翌日にお客様へ向かう途中で「ギクッ」と、一カ月の間に二回もやられ、特に二回目はとても辛い思いをしました。

経験者の方々はお分かりだと思うのですが、顔が洗えない、靴下が履けないなどなど。若い時からサッカーで鍛えていた自分がギックリ腰とはとても情けなくなったのですが、それも現実ととらえ、また筋力アップのトレーニングを開始しています。

ではどうしたら自分自身の健康を管理していけばよいでしょうか。まず一日のうちで体を動かせることができる時間を見つけます。私の場合には会社勤めをしていた時には、朝は起床後の一五分、社員食堂で昼食後のお昼休み三〇分、それと何もなくて帰宅できる日は帰宅途中の時間で体を鍛えることを始めました。

起床後の一五分では、体操とストレッチ、腹筋、腕立て伏せ、背筋などの筋力トレーニング及び体幹を鍛える動きをセットで行っていました。これは帰宅後に時間がある時もこのセットをしていました。

また昼食後の三〇分は会社の周りをウォーキングです。三〇分で約三五〇〇歩（約二・五キロ）程度を早足で歩きます。さらに帰宅時には一つ先の駅まで歩き、一つ手前の駅で降りてウォーキングで帰宅していましたので、多い時で一日二万歩、少ない時でも一万五千歩は歩いていました。

その当時は会社内の部長職以上は歩数計を配布され、全国で同じ健康保険組合に参加の従業員三千人ほどが月間の歩数を競っていた時期もあり、全国で一位を目指して休みの日には三万歩前後歩いていたこともありました。

ゴルフに行く時もできる限りカートには乗らずにラウンドは歩くようにしていますと、地面の感触や芝生の匂い、木々の移ろいなども感じられ、カートに乗っていては味わえないとても良い、健康的な一日を送った感があります。これは今でもよほどの山岳コースでない限りは歩いてラウンドするようにしています。もちろん、私の腕前ですから、走るケースも多々ありますが。

さて定年になり自分の会社を始めたことにより、就業時間が比較的自由になったことから現在では、朝は今まで通り起床するのですが、筋力トレーニングの前に一時間のウォーキングを行い、それからトレーニングを毎朝行うようにしています。

夏の暑い日も冬の寒い日も歩きます。雨の日も暴風雨でない限りは傘をさして歩きます。平日は一時間、休みの日は一時間半のウォーキングを毎朝行うことで、その日一日の仕事の段取りや企画、新しいアイデアの検討、また講演がある日などは話す内容の練習などをします。

私にとってこのウォーキングの時間は単に歩くことだけではなく、気持ちの切り替えや整理などにも使える極めて重要な時間になっています。ウォーキングは体だけでなく心も鍛えることができる素晴らしい健康管理ツールです。

このように自分の健康管理を常に意識して、鍛えておくことは将来の自分に向けての大きなプレゼントになります。健康管理の癖をつけることは今すぐにでも始めることをお勧めします。定年後に楽しい、充実した毎日が送れるように、そして定年後もさらに良い仕事ができるように。四〇代、五〇代からでも始める健康管理は、必ず良い結果として蓄積されます。

16 日々充実した時間の使い方をする

定年後の生活のたとえで「サンデー・毎日」などということを言う方もいます。いつも日曜日のように会社に行く必要がないという意味で使っていると思うのですが、私の場合には「毎日が金曜日」と言っています。会社員時代には金曜日になると週末のことを考えてウキウキして仕事の能率も上がっていたように思います。

アメリカでは「金曜日に作った車は買うな」とまことしやかに言われていました。それだけ欧米人はあまりにも楽しい週末のことを考えるので、今の仕事に影響を与えてしまい車の製造にまで影響を及ぼすという意味で使っていました。

私の職場でも金曜日は朝から従業員のテンションが明らかに違っていました。金曜日は国を超えて皆が好きな曜日なのかもしれません。

このように、定年後も毎日が金曜日と思えるくらいの充実した日々を過ごしたいものです。そのためにはどのようにしたら良いのか。会社員の場合には九時から五時までの勤務時間がありますから、その前後や昼休みをどのように過ごすかにかかってきます。ボーっとしている時間は実にもったいないです。その時にメリハリをつけることを第一に考えながら、ぜひ定年後に向けての準備に充ててほしいのです。

まず朝の起床時間ですが、どんなに前日深酒をしたとしても定時には必ず起きることをお勧めします。身体にはリズムがありますし、生活にもリズムがあります。前日のお酒が残っていようが、朝は決まった時間に目覚めてベッドから這い出す習慣をつけておきます。

できれば朝の時間を工面して運動をお薦めします。これもまた継続できる程度の運動にしておくことが長続きするコツです。私も会社員時代から毎日の運動を欠かさず行い、既に三〇年程度は経つと思います。これを一日の始まりのリズムにしておけば、定年後でも同じ朝の動きで始めることができます。

朝は常に早めに出勤することで一日の仕事の計画を頭の中やスケジュール表で確認することができます。もし朝に時間があるのなら情報収集をお勧めします。

社外人脈で朝会などをしているネットワークがあれば、毎日ではなくても一週間に一度は顔を出すことで、自分の会社を外部から見た意見や、仕事や業種を別の切り口で見る意見なども聞いてみるのは良いでしょう。

朝の異業種交流会は山のように開催されています。まだ疲れていない爽やかな頭で意見交換ができる機会は貴重です。

昼の時間は仕事の関係でかなり影響を受けますので多様になると思いますし、必ずしも一時間取れるとは思いませんが、もし時間がとれるのでしたら本を読む、文書を書く、ウォーキングするなどの自己啓発用に活用してはいかがでしょうか？

それにより気分転換にもなります。そして午後に向かっての英気を養います。あまり自席での昼寝はお勧めできません。たとえば昨日の宴席を知っているスタッフがいれば、あまり格好良い上司とは思われないでしょう。確かに二〇分程度の昼寝は気分もスッキリできるようですが、自分の席での昼寝はおやめになった方が賢明です。

さて就業時間が終わりました。ここからはあなたの時間です。接待などのイベントが入っていなければ自由に使える時間になりますが、平日であればできる限り時間に余裕をもって自宅には帰りたいですね。ただし、たくさんの選択肢がありますのでその日の状況や自己啓発の計画、オフタイムの貴重な時間などを上手に使ってください。

真っすぐ自宅に帰り自宅でリラックスするのも良し、帰りに社内の友人やスタッフと情報交換をするのも良し、社外の人脈を広げるための活動もとても良いでしょう。

時間があるからと言って平日から深酒をしてしまうことやギャンブルにはまりこんでしまうことは避けたいものです。私もお酒は飲みますし、宴席も大好きです。ギャンブルは麻雀やパチンコにはよく行っていました。特に麻雀は二〇代から三〇代は好きでよく楽しみました。徹夜で楽しむこともしばしばありました。

しかし、アメリカにいたことも関係して、帰国してからは一切やることはありません。両方とも費やす時間がとてつもなくもったいないと思っています。

明日につながる充実した一日を過ごすことは、最高のモチベーションとなります。

⑰ 私の定年後の一日の過ごし方

さて私の定年後はどのような一日を過ごしているのか、最近の一日の動きを時間の経過と共に少しお話ししておきましょう。

朝起きるのは六時四五分、前職の時とあまり変わっていません。起床と共に洗顔を済ませ、体重、体脂肪、血圧の計測です。それを終えると七時から八時までウォーキングに出かけます。近所の芦花恒春園がコースです。

帰るや否や筋力トレーニングを開始します。準備体操を行い、ストレッチ、上半身、下半身を行い、その後、腹筋、腕立て、背筋、インナーマッスルを鍛える運動を一五分程度行いシャワーの後、妻と朝食をとります。

九時に出かけて一〇時から銀座の事務所で仕事を始めます。

お客様とのお約束がないと一六時に帰路につきます。途中、書店に寄ったり、買い物をしたりもしますが、何もなければ一七時前後に帰宅します。

その後もメールのチェックや急ぎの仕事があれば、自宅の仕事部屋にて仕事ができる環境を作ってありますので、そこに籠ります。

その後、食事、団欒、お風呂、二三時三〇分には遅くても就寝します。睡眠を七時間半前後は取るようにしています。これが一日の時間の使い方です。


日中については、お客様との打ち合わせがない限りはすべて自分の予定で動いています。従って、途中に銀座をゆっくりウォーキングしたり、インドアゴルフの練習に出かけたり、ジムに行ったり、買い物に出かけたりと仕事さえ予定通りで成果を上げていれば、あとは何をしても自由に時間を使えます。これこそがまさに黄金期を作り出す時間でもあります。

二四時間を自由に使える環境は組織に勤務している時には週末しかありませんでした。週末はどちらかというと身体を休めたい意識が強いので、出かけるのを控えていたこともありましたが、自分で会社を始めたことによりこの時間を自由に使えるという環境が三六五日生まれたことになります。

もちろん自分で始める会社の業務内容によって、このような環境が作れるかどうかは決まりますが、少なくとも私の場合にはこの環境を生み出せたことがさらに人生を充実させ、楽しく、そして輝かせることができることにつながっています。

平日はどこへ行っても空いています。今日は六本木の新国立美術館に友人が日展に初入選したので行ってきましたが、やはり空いていましたので問題なく見ることができました。映画館も空いていますし、何と言ってもゴルフの平日は、空いていることもありますが、料金が圧倒的に違いますので、平日ゴルフはとてもお得感が満載です。

そのように考えますと、さらに無駄な時間は過ごしたくないという気持ちが強くなるのも真実で、自分を磨ける活動にはどんどん参加するようになり、またまた人脈も広がることになります。すべて仕事につながってはいませんので、ジャブジャブ儲けるなどということはまったくありません。

むしろこの環境の中でいかに良い品質のサービスや仕事をお客様に提供できるかを最優先で必死に考えて、それを実行することにより結果的に報酬がいただけるのではないかと考えています。

これが六五歳の私の一日です。何度も言いますが、気が付いた時にすぐに始めることが健康管理の第一歩です。

18 社外のネットワークを作る

定年前に社外のネットワークを作るためには、どのような行動を起こさなければならないかを考えてみて下さい。社外に人脈を作ることは定年後、即ち将来に向けて圧倒的にプラスになることになります。

これも現役時代には社内の関係が重要視され、なおかつ使っている時間も圧倒的に社内での関係が多いために、かなり意識しないと社外ネットワークを作ることは難しくなります。

私がよく利用していたのは、社外セミナーへの参加です。仕事関連のセミナーであれば無料のセミナーもたくさんありますし、週末を利用した有料のセミナーを受けに行くこともありました。これは仕事関連というよりも自己啓発で英語のセミナーだったり、心理学のセミナーだったり、あるいは投資セミナーだったり、積極的に社外の勉強会などにも顔を出していました。

このころに知り合って今でもお付き合いしている方も多く、たとえば情報交換の懇親会などを行い、意見を求めたりすると、社外の方々はいつも聞いている社内の人間の意見とは全く違う視点で答えてくれて、大変参考になったことが多々ありました。

どうしても会社の中の付き合いだけでは井の中の蛙になってしまう恐れがありましたので、できる限り他の職種の人と話す機会を意識的に作っていました。

定年になってからの方がむしろ、今までとは全く関連のない企業や個人事業者たち、ラーメン屋の若き経営者やプロの講演講師、さらに全く別のフィールドであり今までは知り合う機会すら作れなかったプロスポーツ選手やプロの歌手、音楽奏者などなど多くの方たちとの出会いがありました。

こういった人たちとは、ほとんどが友人の紹介で初めてお会いし、その後フェースブックなどで友達になり、共通の友人の主催するセミナーや情報交換会などで知り合うといったケースが多く、友達が友達を生むという連鎖を引き起こし始めると、果てしなく「縁」というネットワークでつながっていくのです。

このようにたくさんの人とのご縁を作れることは、待っていては絶対にできません。特に企業に所属し、年齢的にそれなりの地位になれば自分で動かなくても相手から来ていただけるケースが圧倒的に多いはずです。時々パーティなどで見かけるのですが、絶対に自分から動かないタイプでは、やはり人と知り合う割合も低くなるのは当然です。

企業に属していても一歩外に出ればただの個人ですし、ましてや定年後になれば企業にも属していないし、部下もいないわけですから、とにかく自分で動くしかないわけです。しかも動けば動くほど知り合いが増えてくる面白さはとても楽しくなってきます。

そしてこのネットワークは、自分自身にとってかけがえのないものになってきます。たとえば全く新しいことを始める場合には、必ずこのネットワークが様々な助け舟を出してくれます。四〇代、五〇代で作る社外ネットワークは必ずあなたを助けてくれます。

19 アンテナを張る

楽しいことが周りで起きていないか、あるいはこれから起きないか常にアンテナを張っておくことをお勧めしています。

会社にいる時には社内との情報交換が多かったせいか、アンテナに入ってくるのは人事情報や聞いていて楽しくない噂話などでした。もっと積極的にセミナーや勉強会に出ておけばよかったと後悔しています。

外からのビジネス情報はとてもためになりますし、時には大きなチャンスにつながる情報も入ってきます。

そのためには、積極的に動くことと、同じ感度のアンテナを持っている仲間を増やすことです。

まず自分が動くことですが、動くことでアンテナも移動しますから、情報キャッチ範囲が拡大していきます。これは大きいと思います。時には今でも動くことによって海外の情報も入ってくることになります。

私は今でも調査のための出張を国内外含めて多く行っています。現場を見て自分のアンテナに入ってくる情報でビジネスを判断したり、お客様への提案をしたりすることができるからです。

もうひとつ自分と同じアンテナ感度を持つ人を増やすということは、まさに後継者の人材育成になります。

簡単には育たないのはわかっていますが、と言って何もしないのでは全くゼロですので五年ぐらいかけて、じっくり育てるのが良いかもしれません。

特に質の高い情報を得る動きというのは種々雑多な情報から選別する能力も必要ですので、ひらめきや勘も磨かなくてはなりません。そのようにコーチングすることで、自分で考え、失敗を繰り返しながら育っていくことになります。

20 週末の時間管理と意識改革を

週末の過ごし方は会社員の時と定年後では違ってくると思います。なぜかというと定年後に自分で仕事を始めたりすると、毎日が週末のように時間を自由にできるからです。ただ時間を自由にできるということは、自覚を持って時間管理をしていないとダラダラとしてしまうことになります。

私は三〇代から四〇代の課長時代は、通勤時間のかかる郊外に住んでいたこともあるのですが、毎朝六時半に出て夜一〇時過ぎに帰るという生活が続いていて週末には疲れ果てて、いつも家にいてダラダラしていました。

子供たちも小さかったので遊びに連れて行かなければとは思っていたのですが、家で寝転がってテレビを見ているのが週末の過ごし方になっていました。

その時はその時間の過ごし方で自分が癒されると思っていたのですが、あまりにも疲れ果てていたのかもしれません。それが五五歳でアメリカから帰国すると週末の時間の使い方がまったく変わってきました。

不思議なことに、休日に家でダラダラしている時間がとてももったいなく思えてきたのです。確かにアメリカにいる時には日本のテレビも放送していませんし休日に家で過ごすとしても、春から夏は芝刈り、秋になると落ち葉の掃除やデッキの清掃、冬の雪かきと休みの日に家の仕事が山ほどありました。

アメリカは車社会であったために、休みの日の買い物も大量に購入するために必ず家族と行動していました。特に夏の時期は秋から冬と違って外でのアクティビティが多く、バーベキュー・パーティを開いたり、呼ばれたり、もちろんゴルフもよくやっていましたので週末の時間はとても充実していました。

冬は冬でゴルフの代わりにインドアサッカーチームに入ってリーグ戦にレギュラーで出ていましたし、ボーリングが盛んなので、ボーリングのリーグにも登録して、毎週日曜日には少し離れたボーリング場まで試合のために通っていました。その時に出した生涯最高得点が一一個のストライクを出した二七九点でした（少し自慢！）。

このような経験があったせいか帰国後も休日の家でダラダラ、ゴロゴロしてテレビを見ている時間がとてももったいなく感じられ、自然に充実した休日に変わっていきました。

従って私の場合には、五五歳になったから意識して休日の時間を改革したということはありませんでした。

今思うと仕事以外の時間も充実しているということは、この休日の時間の使い方がとても大きいのではないかと感じています。五五歳を過ぎると一年だ、年々早くなっていく感覚になっています。とにかく無駄な時間を使いたくないという意識はとても大きくなってくるものです。

今の仕事は家でもできるので、休みの日でも時には家で急ぎの仕事をやっていますが、あくまでも休日の優先順位は、家の仕事や自分のための時間が優先されます。

ウォーキング、庭の手入れ、そして買い物、忘れてはいけないのは月に二、三回のゴルフです。ゴルフも、三グループに属していますので月に一回のグループや三カ月に一回のグループなど年間にすると三五～四〇回ほどはゴルフのラウンドをしています。

六〇歳を過ぎてからは、できる限り二日連続でゴルフに行くのは避けています。ゴルフ自体は連続で行っても問題ないのですが、二時間かけて運転し、渋滞があると三時間ほどかかってしまう帰りの運転が少々きつくなってきたので、二日続けるのはできる限り止めています。

このように私は休日も目いっぱい動いているのですが、皆様の中で、もし今の生活で休日はついつい家でゴロゴロという方がいましたら、五五歳にはまだ時間がある方でも休日の時間の改革をお勧めします。

休日の時間が充実していますと、仕事についてもメリハリが出て、とても充実した作業ができます。

㉑ 自分の計画はいくらでも作り直せる

定年前で、まだバリバリ会社の仕事をされている方は、自分の時間にできる定年後のイメージに向けての自分磨きを頑張ることになるのですが、常に柔軟性を持って行動をしていくことが必要です。

優先順位は家族や、現職の仕事が優先されますので、自分磨きは優先順位が低くなるのはやむを得ません。自分磨きの動きですが、臨機応変に対応するように考えておいた方が気持ちは楽になります。

会社の予算や計画は簡単にはやり直すことはできませんが、自分の計画はいくらでも作り直せますし、やり直すこともできます。

自分のプランがなかなか浮かばない人もいると思います。自分は定年後に何がやりたいのだろう、何が得意なのかな、と冷静になって考えてみて下さい。

やはり定年後に始めることは自分の好きなこと、自分の得意なことが一番でしょう。それでもなかなかイメージが浮かばない場合には、とにかくたくさんの人と会ってみるのはいかがでしょうか。

人と会うことは、既に知っている人でも初めて会う人でもとても刺激になりますし、自分探しや自分を客観的に見ていただけるチャンスです。もちろんたくさんの人脈も増えますし、自分にないアイデアをいただけるかもしれませんので、外に出て人に会うことは良いことづくめなのです。

とにかくこれから色々なことに挑戦するわけですから、今までの自分の思考ではないものを一度検討してみることも必要です。今まで自分では思いもつかない発見があるかもしれません。

とにかくやってみることが大事ですし、やってみてダメだったらまた次の手を考えれば良いことです。定年後の黄金期に向けては、そのような思考法で進めていった方が人生に柔軟性が生まれて、たとえ難題にぶつかっても乗り越えていけるようになると思います。

第三章

無理せず、前向きに、後悔しないように

22 渦の中から一歩出てみて下さい

時々、自分自身を見つめ直す時間を取ることができていますか？　三〇代、四〇代はとにかく生きることに（働くことに）必死で、常に渦の中でもがき苦しんでいた年代だったと思います。

五〇代になって子供も大きくなり少し落ち着きを取り戻して、さあこれからと思っていると定年の二文字が表れてきます。

アメリカ人は四〇代になるとリタイヤメント後の自分の人生を考え始めるそうです。我々日本人も、できれば早い年代から六〇歳以降の生き方を考える時代に入ってくると思います。

自分の経験から考えてみても、それまでとは全く違う生き方が定年後に始まるといっても過言ではありません。

第二の青春、第二の就活と言ったところでしょうか。これからさらに平均寿命が伸び、医療の発展を考えると六〇歳以降の二〇年、三〇年をいかに幸せに暮らせるかは自分の人生の中で最終章であり、かつとても自分らしい大事な一ページになります。早い段階から自分の定年後の生き方の調査や準備をすることをお勧めします。

確かにまだまだ定年は先だと思う人達は、今の仕事に最大限の努力をして自分のために、家族のために必死に働いているのですが、時々その渦の中から一歩出て定年後の生き方を考える時間を持ってみたらいかがでしょうか？

そして何度も言うようにその第二の青春を楽しい黄金期にすることを目標にして下さい。

23 自分のスキルや経験は他の人のためになるか見直そう

長く会社員を続けていると自分の仕事に流されてきてしまう恐れがあります。通常の企業であれば三年間の経営計画があり、それに則した年間計画があり、予算が決まり、それに向かって各部門が収支予算を立てて一年間の活動を行います。

そのサイクルが毎年続いていることに慣れてしまって、新しい発想が出にくくなるということも現実にあります。

ここで気を付けておかなければならないのが、自分の培ってきたスキルや経験が他の人のためになるのかどうかということを意識しておかなければなりません。

その会社のためにしか生きないようなスキルや経験であれば、費やしている年月や時間が定年と共に消滅してしまいかねません。

そのスキルを後輩が継承し、会社の仕事はあなたがいなくても問題なく進んでいくでしょう。ただそのスキルがもしその会社特有のものであっても、実は他の業界でも使える知見であったり経験であったりすることもあるので、一度よその業界や会社で自分のスキルが使えるかどうかを考えてみることも良いと思います。

もし本当にその会社しか使えないのであれば、定年までの間に今までの経験を基に、自分が自信を持ってこれから他の人や会社に使ってもらえる何かを探して下さい。

㉔ 無理はしないこと

三〇代、四〇代と違い、どんなに鍛えていても体の衰えはどこかに出てきます。定年前の年齢の会社勤めでもっとも気を付けなければならないのは無理をしないということです。前にも触れましたが、身体を鍛えておくというのは、無理をしても大丈夫なように鍛えておくということではなくて、今の体力や気力をそのまま落とさずに保つことを目的として鍛えている訳です。

それをついつい日ごろ鍛えているからと、深酒をしたり、体調不良でも通常に勤務したりしてしまうと取り返しのつかないことになりがちです。決して無理をしないということを頭のどこかに常に置いておくことです。

無理をしないということは別に身体のことだけではありません。自分の仕事の仕方でもまだまだ二〇年は会社人生があるというのであれば、自分の身をなげうっての戦いもあると思いますが、残り数年になってきた時にどのように戦うかは、今までの経験と自分の力を考えて賢く戦うことを考えて下さい。

男たるもの戦う時には断固戦うという気持ちはとても大事ですし、戦いに勝ちたいのはいつでも同じですが、ここは頭を使ってどのように進めるかを決めていきます。決して無謀な戦いはしないことです。

さてその他にも無理をしないで生きることはたくさんあります。次は対人関係です。五〇歳代ですと役職も上がり、多くの部下を抱えリーダーとしての振る舞いも大事になってきます。そんな時でも組織の中には多種多様な人がいますから、あなたのことを快く思っていない人もいるかもしれません。心の中のことですから直接的に攻撃はないと思いますが、組織間のトラブルや人事関連のやり取りなどでも何か障害が出てくるかもしれません。

そのような時でも決して相手に対して無理をしてはいけないということです。それはただの対立になるからです。同じ目標に向かってベクトルを合わせて意見を戦わせるいわゆる建設的な対立は積極的に行うべきですが、ただの対立、特に会社内や家庭内では絶対に避けるべきです。

そのためには自分が引くべき時には迷わず引かなければなりません。それを強引に正論だからと無理を言ったり、強い言葉で罵ったりしては良い結果を生みません。

最後に無理をしないようにお願いをするのは定年後の人生です。定年前から自分の計画に合わせて定年後の黄金期を迎えている、またはこれから迎えるという時によく表れるのがお金の話です。

お金は結果として生まれてくるものと割り切って下さい。退職金目当ての資産運用の甘い誘惑やリスクの高い投資などにも十分に気を付けることです。

自分の生活で無理をして見栄をはることは必要ありません。定年前の肩書はさっさと忘れ去ることです。運転手付きの社有車なども定年後はきれいさっぱり過去のものと考えて下さい。銀座で毎晩飲むなどもってのほかです。

ここを勘違いする人がたくさんいます。定年後も偉い人と言ってほしいために生活に無理をしてしまう、もっとお金が必要になり、あるいはお金の魔力に負けてこれから必要になる蓄えをつぎ込んでしまう。お金が何もせずに増えるなどという美味しい話はないことは、サラリーマン生活を通じて充分にわかっているはずです。

決して無理をしてはいけないし、家族にも無理をさせないようにしましょう。

25 「やりたいことと、やれることは違う」を理解しよう

定年後にはこれがやりたいと強く思い、計画を立て始めようという話をしました。

しかしやりたいこととやれることが違うことを早めに理解した方が良いと思います。私も定年までは大きな夢として喫茶店を開くことを本気で考えていました。これはかなり前から声に出して周りに話していたのですが、定年になり現実的に考え始めると、これは無理であるとの結論に達しました。

それまでは美味しいコーヒーの香りに一日包まれて、日差しが入るカウンター六席、テーブルが三つで一二席の全部で一八席ほどの小さなお店で、ちょっとしたステージを設けてギターの弾き語りや貸し切りのパーティーも開け、いつも好きな音楽を聞いていたい、たとえお客が入らなくても自分としてはやりたいと強く思っていました。

ところが、実際に定年になりいろいろと調べ始めると物件探しだけでも、とんでもない時間がかかりますし、売り上げはお客がいかにたくさん入るかにかかってきますから、立

地の良い場所の物件となると途方もなく金額が跳ね上がり、とてもではないが手が出ない。また、たとえ良い物件があったとしても、そこにお客が来るかどうかはマーケティング次第、あるいは評判次第となる店商売の現実もあり、お客が入らなければ毎日持ち出しになるわけですので、貯金はすぐに底をつくだろうというリスクにはっと目が覚め、これではやっていけないとの結論に達したのです。

そこで考えたのは、自分が「やれることでやりたいこと」は何なのだろうと考えた結果、「世の中の人を元気にできる職業」に行きついたわけです。

それが今の仕事になっています。即ち、「やりたいことがやれること」ではなくて、「やれることがやりたいこと」になればリスクも減り、自分がやりたいわけですから、楽しく働くことができるようになります。

従って今は、やりたいことがやれることになっているのです。もちろん初めからやりたいことがやれることになっていれば問題ありませんが、定年後の夢としてお店などを考えている方は、十分な検討期間を取ってじっくり考えることが賢明です。

会社員時代にはやらなければならないことの連続でした。会社に行かなければならない、計画を立てなければならない、会議に出なければならない、説明をしなければならない等、とにかく何々しなければならない一〇個の中に、やりたいことは一、二個しかなかったと思います。

皆様がそうだとは思いませんが、会社勤めという形態はこうなってしまうのは止むを得ないのです。

しかし同じ会社に勤めている人が皆このように二〇%くらいしかやりたい仕事をしていないのであれば、これはその企業にとっては問題ですね。マネジメントとしてはできる限り社員がやりたい仕事の環境を作ることがやり甲斐や満足度にもつながり、それが成果に繋がってくることになります。

そのほうが圧倒的にその個人の人間力を使うわけですから楽しいですし、良い結果に繋がるのです。MUST から WANT で働けることが、会社勤めでも定年後でもとても大事なことです。

26 前向きに考えること（Take it easy!）

アメリカにいる時に仕事であるミスをして落ち込んでいると、友人からよく言われた言葉でTake it easy!があります。「落ち着いて」とか、「大丈夫だから、何とかなるよ」、あるいは「気楽に行こうよ」などと言う意味で使っているのですが、これが実に良い言葉なのです。

この言葉に何度も助けられました。時には、こんなこともありました。こちらのミスで大変なご迷惑をおかけしてしまった顧客のマネジャーにお詫びに行った時に、開口一番Take it easy!と言われた時には涙が出るくらいに感激したことを覚えています。

アメリカ人の性格の話をする時によく「いい加減だからな～」などと言う人がいます。確かに少しルーズ（日本人から見ると）なところもありますが、全体から見たらほんの一部であり、一般的には決して適当ではありません。

ただし、これも日本ではあまり見かけないのですが、真剣に話をしている時でもこの

Take it easy! や It's OK! のような使い方をするので、日本人の感覚では真剣じゃないと受け取ってしまうのかもしれません。

これは決していい加減な気持ちで言っているのではなく、次のことを考えようとか、次に頑張ろうとか、前向きに考えている人が多いことに繋がると思っています。

私もよく「何とかなるよ！」という言葉は使いますし、苦しい状況の時に気持ちを切り替えることはとても重要ですし、必要なことですから使っています。

そして不思議なことに大きな課題でも、苦しい状況でも言葉に出すことによって「何とかなってしまう」のです。

気持ちを前向きにする魔法の言葉といっても良いでしょう。

27 家族のことは第一に考えてほしい

家族との関係が強い絆、あるいは強い信頼関係で結ばれていることは理想です。改まってこのようなことを書くのはいささか恥ずかしいのですが、家族を大事にすることはこれも自分の外での仕事を充実させるためには必要なことなので、あえてこの項で取り上げたいと思います。

家族を大事にするのは当たり前のことなのですが、もっと仕事や会社よりも大事にしてほしいのです。

高度成長期には、「仕事人間」や「会社第一人間」と言われたりもしましたが、今でも日本人の中にはとにかく仕事が第一の方が多いのではないでしょうか？

私が申し上げたいのは仕事や会社がいい加減で良いということではなくて、家族のことを第一に考えて欲しいということです。もし家族が病気になったり、緊急の連絡が会社に入ってきたりした時には、何よりも優先して家族のために動くことをお薦めします。

家族が心細い思いをしている時や、困っている時には優しく手を差し伸べます。それを、これ見よがしに自分がやってあげたなどと考えないで、自然体で出てくる優しさで包むことでお互いに頼りにしている、されているという信頼関係が生まれてきます。

家族だから何も言わなくても分かるとか、家族だから何を言ってもいいというのも私は少し違和感があります。家族だからこそ積極的に話し合い、家族でも「良い」ことは「良い」と言い、「悪い」ことは「悪い」と言える関係であるべきですし、家族と言ってもそれぞれが個の人間ですから、家族と言えども相手を敬う気持ち、謙虚な気持ちが大事だと思っているからです。

自宅にいる時にそんなに気を使いたくないと思う方もあるでしょうが、私の場合には決して気を使ってそのようにしているのではなく、自然の振る舞いの中で楽しんでしているので全く窮屈さは感じませんし、疲れません。

それよりもむしろお互いの時間を大事にできたり、お互いの言い分も分かりあったり、たまには家庭内においての「建設的対立」もして、良い議論をしている時がとても楽しい時間になります。

最近は早い時には六時前には帰宅していますし、休みの日には自宅で必ず食事をしますので、かなりゆっくりと妻と二人で食事をとりながら会話を楽しんでいます。子供たちのこと、お互いの仕事のこと、教育のこと、実家のこと、ペットのこと、そして政治のことなど、ありとあらゆるジャンルの話をして盛り上がります。

普段、自宅では晩酌をしませんので、食事をしながらの会話になりますが、それでも食事の後の団欒でもその会話が続くことにもなり、話題には事欠きません。

家庭内のことは家族すべてができることが理想です。家族が病気になったら食事も作ってあげたいですし、家のことは自分がやらなければならないわけですから、常日頃から食事の支度、片付け、掃除、洗濯、その他ゴミ出しの曜日や衣類のしまってある場所、大事な書類のありか、近所づきあいまでもお互いに共有化しておくことが望ましいでしょう。

そのためには、ひと月に一、二度は自分で台所に立って料理を作る訓練をしておく必要があります。

最近では「定年後に家事に魅力を感じてしまい、主夫をしています」という友人もいますので、ぜひとも家事の楽しさや厳しさを今から訓練しておくことをお薦めします。

特にまだ定年前の皆様は明日からでも実行することによって、家族との時間も増え、話題もできて家庭同士ますます信頼感を増すことができます。

私の場合には、母が早くにいなくなった経験があるので小さい頃から家のことは自分たちでしなければならず、掃除をしたり、料理をしたり、その他の家事の手伝いをしていたので楽しみながら家事をすることはできました。

結婚してからは基本的には妻に任せているのですが、時々お昼ご飯を作ったり、子供たちが小さい時にはお好み焼きや鉄板焼きなどの食卓での焼き物やバーベキューの支度などは率先してやっていましたし、今でも妻が出かけていたりした時には、自分で食事の支度をして片付けまでして帰りを待つなどはお手の物です。

家族同士が敬うというのはいささか違和感がある方もいるかもしれませんが、お互いに子供も含めて他人には悪口や愚痴は言わないようにしています。これは子供たちが小さい時から意識してお互いに気を付けていたことです。

つまり妻は私のことを「ダメなお父さん」、「邪魔なお父さん」などということを子供たちの前では決して言いませんでしたし、私も同様でした。時にはここは直した方が良いなという際は二人の時などに話していました。

もちろん、親類も含めた他所の人の前でも同様で、自分の相手に対する呼び方も気を付けていました。「主人」が基本で「だんな」という呼び方はしません。私も「愚妻」、「ヨメ」などという呼び方は自分自身でも使うことは全く考えられず、やはり「妻」と少し格好をつけて「ワイフ」などといったりもします。家族の中でもこの敬う心がとても大事であることは子供たちも身に付いているところです。

家族には、自宅の中でも気を遣うことも家族関係を良い状態に保っていける要素だと思っています。たとえば家の中でも自分のために何かしてくれたらば「有難う」は必ず言うようにしていますし、朝夕の挨拶も欠かしません。またひどい格好で家の中を歩く、寛ぐこともしません。これも自然の振る舞いとしていますので、ちっとも窮屈な思いはありません。

このような家族との関係を作っておくことで、定年になり子供たちが巣立っていき、夫婦二人の生活になった時に最高のパートナーとして定年後の黄金期をお互いに楽しんでいくためのベースになります。

定年後にこのベース基地があるとないとでは、自分の目の前にある大きな山に挑戦する時に心の支えがあるかどうか、帰る場所があるかどうかということになり成果に大きく影響することになります。もし参考になることがあれば明日からでもさらに素敵なお父様、旦那様になるように挑戦をお願いします。

㉘ 自分の身の周りのことは自分でする

会社の中には多くのスタッフがいて、立場が上に位置する人であれば秘書が付いている場合もあるでしょう。そうでなくてもお客さまがきた時にはコーヒーを入れてくれたり、自分の手が離せない時には電話に出てくれたり、出張に出る時にはスケジュールを組んだり予約をしたりするなどの事務作業を手伝ってくれる人がたくさんいるはずです。

ついついそれを気軽に頼んでしまっていませんか。自分の手が空いていてできることは自分でするようにしてはいかがでしょうか。

私の最後の立場は常務理事ＩＴ推進部長という役員待遇の役職にいました。来客も非常に多かったので予定を管理してくれる担当もいました。しかし身の回りのことはすべて自分でしていました。

たとえば会議資料の作成やコピー、朝のコーヒーももちろん自分で作っていました。海外出張のスケジュールも自分で計画をして、相手先ともメールによる連絡をすべて行い、最後の予約だけをお願いしていました。このように自分のことは自分でする癖はすべてにおいてしておくことを推奨しています。

たとえば宴会での話です。これは優しさでもあると思うのですが、大皿料理や鍋が出てくると女性社員が取るものと決めているのか、自発的なのかは不明ですが取ってくれるケースに遭遇します。アメリカから帰ってきた部内の歓迎会でその光景に驚いたのですが、やっている本人達もあまり抵抗をせずに優しさでしているようにも見えました。

私はそれがとても不自然に思え、それ以来私が参加する宴席では自分の食べるものは自分で取ることが暗黙のルールとなっていきます。

そんなことは気にしなくても良いのかもしれませんが、料理を取るのは女性の仕事と、男性にも女性にも勘違いしてほしくなかった点、自分がお腹いっぱいでも取り分けてもらうと食べなくては悪いと思ってしまう点、中には本当はやりたくないと思っている女性が絶対にいると思うが本人は言えない点などが主な理由です。

もちろんアメリカでも自分の席より遠い所にある食べ物や調味料などは近い人に「取って下さい」と頼むことは常にあります。この考え方で日本でもするのが良いと思っています。要するに食べたいものは自分で取る。遠い所にある料理は、自分が食べたい分を頼んで取ってもらう。いかがでしょうか。

さて最後に家庭内での話です。この項では自分の身の周りのことは自分でするという話で進めてきましたが、最終的には家庭内のことに繋げています。自分の身の周りのことができないと、もしもの時に何もできないのではとても困ってしまいます。食事の支度、洗濯、掃除、買い物、ゴミ出し、各種料金の支払い、隣近所との付き合い、庭のお花の手入れ、子供の今の状況把握など。

たまにはご家族と交代してこれらを練習することによって徐々に身に付けていくようにしましょう。特にご家族には「手伝ってあげる」などとは絶対に言わないこと。この言葉は使い方によっては恩着せがましくなります。ぜひ自然な動きの中で、気が向いたからとか時間があるからなどの別の理由で家庭の仕事を一緒にすることで、さらに家族との距離も縮まりますし、話す機会も増えますし、円満度合いが増えることになります。

楽しんで家庭の仕事を教えてもらって、結果的に自分の身についていくのは最高ではないですか。

㉙ マメに動くこと

私は、ちょっとした気遣いは周りの人を幸せにすると思っています。それは自分がしてもらうことを想像するとよくわかります。

たとえば待ち合わせには必ず先に行くように心がけるとか、約束は必ず守り、メールや質問にもすぐに応えるなども気遣いに入ります。

またエレベーターでは必ず最後に降りることや電車の中での譲り合い、車の運転時での歩行者への気配り、他車への譲り合いなどはとても優しい心配りです。

まさに、今日本人のマナーが悪くなってきていると言われているからこそ、気をつけたいと思っています。以前はあった「小さな親切運動」という社会全体で取り組む運動について、最近はあまり取り上げられなくなってきたと感じています。これは生きている人間が他の人との共栄、共存をするための必須の活動だと思っています。

ご馳走になったり、自分のためにその人の手を煩わせたり、その人の時間を使ったり、知恵やアドバイスをいただいたりした時には必ずお礼をします。

お会いしてお礼を言うことが最も良いのですが、遠方や多忙な人の場合には、自筆のハガキや封書が喜ばれます。

私も「感謝ハガキ」なるものを用意してあり、とてもお世話になった場合には五、六行のお礼ハガキをお送りしています。忙しいからお礼ができないという言い訳は全く通用しません。

これは心から相手のお陰で楽しい時間を過ごせましたと思う心、相手の時間を自分が使ってしまうことへの感謝の心の問題です。

余程忙しいか、取り急ぎお礼したい時にはメールでもやむを得ないと思いますが、できる限り自筆の手紙やハガキでお礼ができると嬉しいですね。もらった相手もとても良い印象を持つことになります。

定年後に自分で動くことによるさまざまな活動をお話ししていますが、良い黄金期を過ごすためには、またさらに黄金期を極めるためにはマメに動くこともお勧めしています。

マメに動くとはちょこちょこ動くことを想像しがちですが、そうではなくあなたを必要としている人への動きをよくしましょうということです。

即ち、あなたの持っている情報を必要としている人がいれば連絡を取り、積極的に会いに行くなどして話を進めます。

またあなたとの力を必要としている人にはすぐにでもお会いして状況を確認し、できる限り力になるように努めます。

これを面倒くさいとか、相手から来て欲しいなどと思っているとその後の活動に影響を与えてしまったりしますので、できる限りマメに動いて自分の存在を世に広めて行くことです。

それらを聞きつけて不思議にお声がけをいただくことが多くなります。また人や情報が自然に自分に集まってくることもあります。自分で動くことはそれだけ多くの効果を生み出します。

30 お世話になった会社へは恩返しを

どんな時も自分を育ててくれた出身会社は忘れませんし、常に応援しています。故に現役の後輩たちに厳しいことを言う場合があります。もっともっと良い会社になってほしいと思っています。

今の自分があるのはやはり出身の会社があったからですし、さまざまな経験を与えてくれた会社に対しては何か恩返しができないかをいつも考えています。

定年退職前の方々はあまりこのような感覚は持たれていないかもしれませんが、現在の皆様の状況であっても、新卒で今の会社に入社された方であれば単純に考えればすでに三〇年程務めて来たわけですから、定年後の私が考えるのとほぼ同じ感覚をお持ちなのではないでしょうか。

転職などをして今の会社にお世話になり五〇歳を過ぎていらっしゃる方は、その会社に対する想いは少し違うかもしれません。むしろ育ててくれたというよりは、今お世話になっているという感覚の方が大きいのかもしれません。

いずれにしても組織に属している時には定期的に収入を得ることができるわけですし、個人経営との大きな違いは個人ではなかなかできない経験をすることができて今の自分がいるわけです。


今たくさんの講演会やセミナーでお話ししている中には必ず「今の自分があるのは会社勤めの時に大きな経験ができてきたからである」とのフレーズを入れています。

経験とは良いことばかりではなく、辛い時期やなかには修羅場もあったわけですが、それらのすべてが今の自分を作り上げているということです。これらの経験からくる自信や知見は何物にも代えられませんし、二度と経験することはないでしょうが、これからの人生には間違いなく生きてきます。

定年退職前の皆様はぜひ、今から恩返しを始めて下さい。それはとにかく今の仕事での成果を上げることが第一であり、その他に二つです。一つは人を育てること、現職である時にこれをかなり意識して、会社内に後継者を数人は育て上げておくことを強くお勧めします。

さすがに退職後では間接的にアドバイスはできても直接育成に関わることはできなくなります。今自分はこの部分をとても後悔しています。

そしてもう一つは、将来の会社のために改革をしておくことです。

全社改革となると多少の時間が必要になりますので、単年度ではなかなか難しいかもしれませんが、そのきっかけをワンステップでも踏み出すような組織、チームを作っておくことが大事です。

そのためには、その会社のあるべき姿を若いスタッフとともに充分議論しておくことも重要です。最後の仕上げは後継スタッフが仕上げることになるからです。

改革と言うと少し大袈裟な響きかもしれませんが、少しでも自分の会社を良くする動き、仕掛けづくりをしておくことです。

これも定年後では意見は言えても全く手を出せなくなりますので、「もっとこうしておけばよかった」と後でとても後悔することになります。

すでに私のように定年退職している人間は出身会社の応援をすることになります。今までのフィールドにいた選手ではなく、その選手たちを激励する観客席にいるサポーターに立場が変わるのです。従って、心を込めて応援する、時には差し入れなどでの支援も必要かもしれません。

フィールドの選手は自分の位置が見えていない場合がありますので、スタンドから見ている我々が的確な動きをアドバイスすることも大事になります。ただし、間違ってもフィールドに降りていって試合中に選手に直接指示することは止めましょう。

組織に勤めていると大きな課題や問題、人が多ければさらに難題がたくさんあります。特に大きな会社であれば全社を動かそうというのは並大抵の努力では叶いません。

自分のいた時代よりも今が、そしてこれからがその会社にとってより良い会社になっているのが、恩返しになります。

それにつながる動きを、何らかの形でするべきでしょう。私も、まだまだ恩返しの途中だと思っています。

31 風を味方にする

長く仕事をしていると今自分に向かい風が吹いているとか、追い風が吹いているなどと風を感じる時期があるのではないでしょうか。

要するに何をしても上手く行く時期と、何をしても上手く行かない時期です。皆様にも経験があると思います。私の場合もよく感じていましたし、その風を利用する動きも意識して仕事をしていました。

今、向かい風の中にいると感じる人は、その風を変える努力をします。向かい風でも決して前に進めないわけでありません。向かい風であれば地面に近い所を少しずつ進めることをお勧めします。決して大きな当たりを打とうとしない方が賢明です。大きな当たりは間違いなく風に吹き戻されてしまいます。

少しずつ進めることで向かい風が止んだ時、追い風になった時に大きな当たりを打ってみて下さい。

地道に少しずつ進めるもう一つのメリットは、進むことで成果が出ますので、それが成功体験となり、大きな当たりに変わっていきます。特にチームや組織で向かい風に立ち向かっている時には、その小さな成功体験がチームの自信となり、必ず次の成功体験を生んでいきます。

このように向かい風でもあきらめずに少しずつ進むことで、追い風を呼び込むことになります。

その逆に追い風の中で仕事ができている時には、信じられないくらいの良いスパイラルに入ることができます。ひとつの風を利用したら次の風を呼び込むようにして、チャンスを逃さないようにします。

ただ何でもすべてが上手く行くことはないので、来た仕事の取り扱いを的確に判断することで、また次の風を呼び込みます。

仕事を断ることによって風が止まってしまうこともありますので、的確な判断が必要です。これこそ楽しさの絶頂だと思います。仕事の風だけではなく、良いスパイラルを起こせれば人間関係も体調も良くなりますし、関係する人たちの笑顔にあふれ、次から次へと新しいアイデア、仕事が生まれ、ヒットも生まれてさらに上昇していくことになります。

定年後には、だれでも常に追い風の中で仕事も生活も目指したいと思っています。そのためにはまず気持ちを切り替えることです。

定年前の会社の中ではとても偉い人であっても定年後にはただの一人の人間です。その気持ちを忘れずに謙虚に、人のために尽くし、たくさんの人と知り合い、そしてお金に走らないで生活をすることで、追い風が吹きやすい環境を自分で作るのです。これに反して向かい風の人生はぜひとも避けるべきです。

人生を楽しく生きる。これは私たちの永遠の願いだと思います。ただし人は決してそのような環境を何もせずには与えてくれません。自分で楽しく生きるために動くことです。自分が楽しくなるように動くことで必ず追い風の人生になります。

どうせ一度しかない人生です。後悔は絶対にしたくないので、やり残しのないように、毎日を楽しく生きましょう。

第四章

仕事に対する情熱と誇り

32 日通本社IT部門からのスタート

昭和四六年（一九七一年）四月に日本通運に入社しました。

埼玉県立川口工業高校を卒業し、サッカーで大学へ行くか、そのまま高卒で働くかで、ずっと悩んでいて気が付くともう一二月になってしまい、クラスで進路が決まっていない生徒は数少なくなってきていました。

埼玉県戸田市でその時代「戸田のサッカー三兄弟」と呼ばれていた兄たちに言われたのは、「大学はやはりお金がかかるし、サッカーは大学でなくてもできる。とにかく家にはお金がないぞ」との言葉でした。

当時、父は既に飲みすぎからの肝硬変やたばこからの咽頭炎などでかなり病んでいて、六人兄弟を父親が支えてきた家庭としては学費の捻出は厳しかったのだろうと思います。

そんなことで日本通運に入社するとIT部門（そのころはITなどという言葉はまだ存在せず、正確には情報システム部）に配属され、プログラマーとして会社員生活が始まったのです。

プログラムを組むことは決して嫌いではなく、同期九人と先を争って良いプログラムを組む訓練をし、六カ月後にシステムの担当が決まり実戦配備されます。

それでも昭和四六年はまだまだコンピュータ・ルームがビルのフロア半分程度を占めており、しかもスリッパに履き替えて部屋に入るという厳重な温度管理で、能力は今のパソコンよりも小さかったのではないかと思います。

五年間システムの仕事をしたのですが、あまりパッとせず、しかも自分で作成したプログラムのミスにより、何度か全国で動いているシステムをダウンさせてしまうという失態もあり、他の部門へ動くことになります。

その時の上司は、あまりにも残業が多く（自分のミスもあってですが）会社に入ってから通いだしていた夜間の大学の授業にも影響が出ていたのを知っていての配慮だったと後で知り、とても有難く感謝した思いがあります。

そこで配属されたのが国際物流を担当する部門で、企画、管理そして三年後には念願の支店勤務が始まります。

大学も無事卒業し、結婚もして銀座にある海外引越を専門に扱う支店に転勤しました。

33 ロスアンゼルス転勤・英語の失敗は山のようでも言語は慣れる…

結局、営業は三年半程度での勤務でそこから上位支店の企画部門に移り、昭和五七年（一九八二年）に二九歳でカリフォルニア州ロスアンゼルス郊外にあった米国日通ロスアンゼルス支店に転勤になります。

結婚してからは、同じ日通人だった妻の勧めもあり国際物流にとても興味を持ち始め、海外勤務を希望していた矢先でしたので、またまたその当時の上司には恵まれていたと思います。

二九歳で初めて米国本土のしかも「夢のカリフォルニア」に勤務です。今でもはっきりと覚えているのは、成田からの飛行機に乗るために箱崎のＴＣＡＴに集合し、役員や家族、同僚が見送りに来てくれて出発式なるものまで執り行っていました。今では信じられない時代でしたが、とても高揚し成田までのバスに乗車した思いがあります。

忘れられない思い出がもう一つ、航空会社が今は無きＰＡＮＮＡＭ（パンアメリカン航空）のボーイング７４７、青い塗装で地球儀のマークでした。いよいよ滑走路に向かって動き出した時に機長からのアナウンスが、もちろん英語でしたが不思議と分かりました。「この飛行機はロスアンゼルス行きです。もし違うところへ行きたい人がいましたら、すぐに降りて下さい」とのメッセージでした。もう飛行機は動き出しているのに、何をこの人は言うのだと思っていたら、隣のおじさんがジョークだよと教えてくれたのでした。

英語ではとても苦労しました。海外を目指していた時期に日本で英会話学校に一年半ほど通ってそれなりの自信を持ってアメリカに乗りこむつもりだったのに、ＣＡの７ＵＰ（セブンアップ）が全く分からないことから始まり、ロスアンゼルス勤務中も英語での失敗は山のようにありました。

ロスアンゼルスでは総務課勤務で全体のシステムの企画、開発を任されていたのですが、周りは日系二世、三世が多く、日本人なのにとても早口の英語で最初の三カ月は貝状態だったと思います。

しかし言語は慣れることとはよく言ったもので、五年の勤務終了時にはかなりの実力を持っていた自信があります。英語での失敗談は次の機会まで取っておきます。

34 社内では、戦うことでレベルの高いものが生まれる

昭和六二年（一九八七年）約五年の勤務を終え家族共々帰国します。出国時には三人だった家族が米国生まれの次女が増えて四人で浦和の社宅に戻ってきました。出身の海外引越専業支店でシステム係長として配属され、またまたシステムの仕事に戻ったのですが、まだ今のようなＩＴ時代は来ておらず、やっとコンピュータ・システムで事務処理を作り始めようという時期でした。

その頃は「コンピュータの人間は俺たちが食べさせている」と営業から平気で言われていましたので、いかにこれからの時代はＩＴが重要かを盛んに社内で議論しました。

その中で戦いが始まります。一九九一年から九三年にかけて日通の中でも最新鋭のコンピュータを導入し、一支店ではあるものの大改革に取り掛かるのです。

これは従来からの意識、プロセスや業務処理を大幅に変える戦いになります。それを五人程度のチームでやり切るのですが、会社に一週間泊り込んだり徹夜で一〇本のプログラ

ムを組んだりと、今考えてもとてつもないことをしたと思います。

ただ様々な戦いの中でも、皆が将来に向けて良い企業にしたいという思いは一緒でしたので、対立はするもののその中から導き出される方向性については、納得して進んでいくという建設的対立のとても良い実践例でした。

どのようなコミュニケーションが仲間を繋げるのか、どのような自分の振る舞いが相手の意識を変えることができるのかなど、アメリカでは実践できなかったチームプレイをとても意識して仕事をした時期でもあり、大きな成功体験になっています。

このプロジェクトでは引越しの下見担当者にタブレット端末を持たせて、様々な情報入力やお客様への情報提供を行う機能も実施しました。

今から二五年前、インターネットが普及する以前にこのような仕組みを考え実践できたことは社員の議論が生んだものであり、当時としてはとても進んでいたプロジェクトであったことが実証できますし、だからなお現在でもまだコンセプトがこの業務に残されているのが証明になります。

ここでは社内では戦うことにより、極めてレベルの高いものが生まれるということを学んだ時代でした。

35「楽しく働く環境や意識を持つことで良い成果が出る」

一九九七年から二〇〇六年まで、二回目のアメリカ勤務ということで米国イリノイ州シカゴに赴きます。今度のポジションは、米州地域全体をコントロールする部署でした。

この一〇年間も米国内の様々なプロジェクトを経験することにより、現場の実践でレベルアップできたと同時に、プロジェクト管理の国際認定資格であるプロジェクトマネジメントプロフェッショナル（ＰＭＰ）を取得したり、通信制の大学院で情報経営学を勉強したりと実にアグレッシブな一〇年間でした。

ここでもさまざまな経験を通して多くの事柄を学んでいくのですが、一番大きな影響を受けたのは、米国のように楽しく働く環境や意識を持つことによって、良い成果がでる可能性が高くなることです。

これは「働く」ことによって、その意義や喜びを本人が持つことができるかが重要な要素となっていると考えます。企業は成果を上げるための環境や仕組みをあらかじめ検討し用意しておくことにより、仕事の成功確率が極めて高くなることを経験しました。それが自然にできている所がすごいと思います。

まだまだ日本とアメリカでの「働き方」「仕事」に対する考え方などの違いはたくさんありますので、次章で詳しく書くことにします。

36 すべての経験をかけて良い会社にしたいとの一念で

二〇〇六年に帰国後は営業部門の部長として帰ってきたのですが、それは仮の姿で半年後には全社のシステム責任者として赴任します。

ここからが自分自身の仕上げの時でした。しかし、この期間は死に物狂いの七年間でした。今までの経験をすべてこの時期にかけて少しでも良い会社にしたいとの一念で駆け切った日々でもありました。

実にさまざまな施策に挑戦し、意識改革から始まり、成功体験を積み上げながらＩＴ部門の地位を上げていく活動、マスメディアに積極的に協力し自社のＩＴ部門のレベルを世間にも認めていただこうと活動しました。

日経ＢＰ社をはじめとする様々な講演会に呼ばれ、これからの物流ＩＴの在り方を各種マスメディア、専門誌、そしてＩＴパートナー企業に取り上げていただきました。ＩＴ部門に所属する従業員も大いに自信を付けた時期でもありました。

その時の外部企業の皆様とのお付き合いが、今の仕事にも十分に生きているのを実感しています。

37 企業人としての誇りとやるべきこと

このように四三年間の企業人生を振り返ってみましたが、日本通運が私を育ててくれましたし、私に多くの挑戦、経験をさせてくれました。また多くの先輩、友人、仲間とは今でもお付き合いをさせていただいています。

彼らがいてくれたお陰で今の自分がありますし、今の仕事もできていると考えると感謝の気持ちで一杯です。

日本通運はとてつもなく大きな組織ですし、誇らしい歴史もあります。従業員も多く、今でも家族的な雰囲気を残しているとても愛すべき会社です。とても誇りに思える会社です。

この会社が動き出すと日本を動かせるとずっと思っていました。しかしその動きを自分自身では作りだせなかったのは心残りではあります。

今、皆様は組織に属している方が多いと思います。その組織のために何ができるかを常に考えて行動していますか？　今の自分のためだけではなく、その企業の五年後、一〇年後の姿をイメージしてそこへ行きつくためには自分は何をしなければならないかと考えていますか？

特に五〇歳前後でこの本をお読みの皆様は、これから一〇年間をどのように過ごそうと思うのでしょうか。企業内でできることは山のようにあります。

「定年が近いから」とか、「閑職であるから」などと言っている人がよくいますが、「働く」という本来の意味からはあり得ない言葉だと思います。

今の仕事やその仕事の延長線上で、あるいはその仕事からさらに浮かんでくる仕事を自分が納得し熟するように行うことによって、成功体験が生まれ、周りに連鎖してきます。

従って定年が近いと言ってゆっくりしていてはあなたのためにもったいないのです。何よりもここでの動きや輝きが定年後の人生に大きく左右されるからです。

このチャンスを逃さないように、そしてあなたが定年でその会社を去る日が来ても、あなたの功績として会社内に引き継がれる何かがあることは、それからの人生も充実に向かわせてくれます。

決して、定年になれば家でゆっくりできるなどと考えないで下さい。もしできたとしても三日間が限界です。四日目からはまた働きたくなりますし、なによりご家族が、何もせずあなたがずっと家にいることを辛く思い始めます。

体調がすぐれないのであれば止むを得ませんが、元気であれば働くこと、世の中の役に立つこと、自分が輝くことが人間の本能です。

そのためには、もっと今の自分に挑戦してみませんか?

38 父が死の前に語った仕事への情熱

私事で恐縮ですが、私の父は大工でした。清水建設で現場監督（以前は自分で棟梁と呼んでいましたが）をしていたようです。私は六人兄弟の一番下だったのと、母とは私が小学校一年の時に離婚をしていた反省からか、父はよく私を連れて歩きましたので父が働いている姿、父が遊んでいる姿、時にはけんかしている姿を間近で見ていました。建築現場にはよく連れていかれたのですが、お寺や神社が圧倒的に多かったのを覚えていて、大きくなって父がお寺や神社専門の大工だったことを知ります。ヘルメットとニッカポッカ、現場足袋が抜群に似合っていたのを覚えています。

笹塚にあるお寺を改築している現場に連れていかれた時に、父の現場で何か問題があったらしくざわついていて、その時に多くの人が父の周りに集まりました。

そんな中で様々な指示をしている父を見て、自宅にいる父や立ち飲み屋にいる父、パチンコ屋にいる父とは全く違う顔になっていたことを鮮明に覚えています。

父は六二歳でガンにより亡くなったのですが、大酒飲みで大のタバコ好きであったのが影響してか六〇歳前後には肝臓、高血圧などの循環器系、そして咽頭を患っていてよく病院にも薬をもらいに行かされた思い出があります。

手術で咽頭にできたガンの除去をするかどうか兄弟六人の家族会議をし、結局長男と次女が病院関係の仕事をしていたこともあり、治癒の可能性があるのであればするべきとの結論に達し父に伝えます。本人はその時はもう覚悟を決めていたようで、自分の声が出なくなることへの不安は表に出さなかったことを覚えています。

ところが明日手術という前日に、兄弟六人が父に呼び出されます。会社から父が入院している板橋の病院へ出向き病室に入ると、既に兄、姉たちは集まっていて父が笑顔で話し始めました。

新潟県新井市（現妙高市）で生まれ、高等小学校をでてから大工になった経緯から話し始め、自分の人生について自分自身の最後の声でとうとうと進めます。

その中で家族全員が初めて聞き、とても感動したことがありました。父は大工になりたての時から、六二歳の時までに自分が手掛けた現場をすべて覚えていたのです。ただ単に覚えていただけではなく、正確な年月と共にどこの場所でどのお寺や神社を作ったのか、そして、その仕事のそれぞれの感想などを語ったのです。

長兄は、それをしっかりとメモに取っていて「野口春義の関わった仕事」という題で年表のような書面を作り、葬儀の際に会葬していただいた皆様にお配りしました。

その中には戦時中にインドネシアのセレベス島（今はスラウェシ島）でお寺を建築していたという仕事も入っていました。だから小さい時によく「テレマカシ」（ありがとう）と分からない言葉で言われていたのがインドネシア語だったことを知ります。

その時二〇歳だった私は、高校を卒業して会社に入りまだ大学にも行っていなかったので、仕事の責任や面白さも分からずにただ定時に会社に行って定時になると帰宅するという生活でした。そんな私には、父のこの仕事に対する情熱や想いに頭をガツンと打たれたような強い衝撃を受けて、それからの自分の仕事に対する考え方が大きく変わった出来事でした。

また高卒で入社した自分に、できることなら夜間でも大学に行くようにと進めてくれたのも父でした。父は高等小学校しか出ていないたたき上げの大工でしたので、息子には大学に行くことを勧めていたのだと思います。

39 基本は楽しく

アメリカのロスアンゼルスで五年、シカゴでの一〇年の駐在員生活は働く上においても刺激の連続でした。日本にいる時から「一度しかない人生なのだから、楽しく生きたい」とは漠然と思っていました。しかし仕事に関してはそれを楽しくとはなかなか発想できない自分がいたのも事実でした。

一九八二年、今から三五年前、そんな私が二九歳で最初に赴任したロスアンゼルスでは、とにかく仕事が楽しいのです。

最初からではなかったのですが、一年ぐらいたった頃から居ても立っても居られないくらいに仕事が楽しくなってきました。

今思うと、日本に比べると組織が小さかったこと、システム担当も他にいないため何でも自分でしなければいけなかったこと、上司は日本人で以前からよく知っていた先輩であったこと、一年経って英語も話し、方向性も決まり、自分の立ち位置も明確になっていたこともありましたが、とにかく仕事というよりも面白いことをやっているという感覚の方が大きかったことが思い出されます。

もちろん全米で初めて大がかりなコンピュータ・システムを導入する仕事ですから、ほぼ寝ないで徹夜で仕上げるとか、過渡期であるため、システムがダウンすると原因究明からリカバリまですべて一人でこなすことが数多く発生したこと、こちらのシステムダウンによりお客様の出荷ができなくなり謝罪に出向くなどもありました。

むしろ日本の時に比べると仕事量ははるかに多かったにも関わらず、身体も壊さず、ストレスコントロールもできており、なによりも「会社人間」と言われ、仕事や会社中心で生きていた自分がそこにはいなかったのです。

住環境などが影響しているとも思いました。借家ではあるものの日本でいうところの三ＬＤＫの庭付き、二台入る車庫付きの一軒家で、職場まで車で二〇分という住居環境でした。

したがって家族といる時間が日本にいる時と圧倒的に違う現実、さらにはカリフォルニアというほぼ一年中青空の気候、海から二〇分、三〇分走ればたくさんあるゴルフ場、夢の国ディズニーランドまで一時間、スキーができる山まで二時間、ラスベガスまで五時間などなど数え上げればきりがないのですが、それらも楽しく仕事をするための要素になっていたとも思います。

シカゴでの一〇年間は、これも別の意味で楽しく仕事ができた時代でした。自分の年齢も二九歳でのロスアンゼルス勤務からシカゴ赴任時は四三歳になっていましたので、職責も役割も違っていました。従って苦労も多かったのですが、その分、一〇倍は楽しんだと思っています。

40 助け合いの精神が大いに役立つ

ロスアンゼルスの一年中青空、過ごしやすい気候と違い、シカゴは一〇月から三月はウィンターシーズンになり、外では活動できなくなります。この季節はとにかく運転も要注意です。バッテリー切れや家の停電などが起ころうものならば、死を覚悟しなければならないくらいの気候なのです。

一九九七年に初めて迎えた冬は想像を絶する寒さでした。「寒い」とは聞いていたのですが、零下二〇度以下の世界はもちろん初めてで真っ暗の雪の中、ぶるぶる震えながら車の雪かきをした時には、涙が出るほど辛い寒さでした。寒いを通り越して痛いという感覚です。

雪かきを終え車の中に入ってホッとするのも束の間、そこからがまた恐怖の時間がやってきます。

シカゴでは、スノータイヤは履かずにほとんどの車がノーマルタイヤで走っていました。それは行政における冬場の道路清掃に多額の予算を取っていて、雪が降ったらいかに早く雪かきをするかで選挙の当落が決まるとまで言われるぐらい対応が早かったのです。

道路では雪かきブルドーザーがどんどん走り、塩（塩化ナトリウム）の凍結防止剤をがんがん撒いていきます。そのお陰でノーマルタイヤでも走れるのですが、スノーストームと言われる豪雪になるとそうはいかなくなり、通常二〇分で帰れる自宅への道も二時間がかりで帰ることになるなど、神経をすり減らす運転になります。

このように辛い、厳しい冬の経験は隣人や会社仲間がお互いに助け合う精神を育むようです。これは人間の本能なのかもしれません。

隣人が辛い思いをしている時には「大丈夫か？」「いつでも助けるよ」という言葉を日

常的にかけられます。

それは冬に限ったことではないのですが、共に厳しい冬をしのいでいるという感覚がそうさせるのかもしれません。

きっと東京も以前はそうであったはずです。残念ながらロスアンゼルスではこの感覚はあまり強くなかったと思います。


この助け合いの精神は企業の中でも大いに役に立ちました。特にプロジェクトなど厳しい状況で仕事をしている仲間は、パートナー企業であっても契約を抜きに助け合うという気持ちで対応してきました。信頼感で結ばれているチームは、間違いなく強いチームワークを持ち、それが仕事や成果を生む秘訣だとも思います。

その厳しい冬が終わる四月にかけて街は一挙に色づき、人々は外に出はじめ、表情も明るくなる。そうです、春が来るのです。

このように厳しい冬の後には必ず暖かい、明るい春が来ることは厳しい仕事の中でも次を目指すことへのモチベーションにもつながりますし、この冬の間にできることは何かを考える機会でもあります。

私も経験しましたが、会社組織の中にいると、自分ではどうしようもない厳しい現実や、環境の中で毎日を過ごすことがあります。そんな時こそ、次のステップのためには今何ができるのかを問い、実行することが楽しくなると思っています。

41 常に輝いている姿を家族に見せたい

私には三人の娘がいます。妻を加えた四人にはこれまで常に助けられてきました。ロスアンゼルスから帰ってからの一〇年間は、遠方に自宅を構えたために通勤時間が二時間近くになり、当時小学生から中学生だった娘たち三人には週末しか会えない毎日が続いていました。

そんな時でも彼女たちの笑顔は翌日の仕事へのエネルギーになっていたのは間違いありません。

自分自身も、仕事がなかなか上手く行かない状況の中、米国での働き方とのギャップやそこからくるストレスで四〇歳の時に二週間程入院をします。幸い大病ではなかったのですが、毎日病室に来てくれる妻には本当に感謝しました。

海外、特にアメリカで生活することは、家族愛をぐっと身近に感じると思います。特に私達が生活していたのは子供も小学校から中学校の時期でしたので、親が車で連れて行かないとどこへも行かれない環境だったのです。

必然的に、どんな友達と遊んでいるのか、どんな場所で遊んでいるのか、何をしているのかなどが手にとるように分かるので、親にとってはとても安心できる環境でしたし、子供たちも親の有難みを感じられたでしょう。さらに親との会話、親と一緒にいる時間も日本に比べるととても多かったことは、お互いにとって幸せなことでした。

今は子供たちは独立していますが、常に何を考えて何をしたがっているのか、子供たちも私が何を考えて、これからどう生きて行くかをお互いに理解しています。

家では仕事の話はしないことをポリシーとしているのですが、時として妻には元日通人としてアドバイスをもらったこともありました。

彼女の返答は迷っている者にとっては有難く、「上手く行かないのなら一度やめちゃえば」などというアドバイスをよくもらいました。そうか、見方を変えたり一度振出しに戻ったり、一度渦の中から出て客観的にとらえて視るのも必要だなと自分では解釈したものです。

彼女の真意はわかりませんが、ひょっとして「そんなに悩んでいるなら会社を辞めれば」との意味だったのかもしれません。

仕事が忙しい時、厚い壁に弾き飛ばされた時、全てが順調に動いている時など長い人生でやってくる色々な出来事に遭遇しても、「これこそが自分が輝いて生きている時」と考えることで、毎日が充実し自分自身を幸せにします。

読者の皆様が幸せになり、毎日笑顔で楽しく暮らせることによって、必ず家族も幸せな気分になると思います。楽しさや幸せの連鎖反応を最も身近な存在である家族に感じてもらいませんか。

私が盛んに「輝く」という単語を使っているのはそのためです。まず自分が輝いて、キラキラして自分の周りも輝かせる。笑顔の似合う読者の皆様であれば、間違いなくできると確信します。そのような人生を今から作りだしましょう。

第五章

企業人として学んだ貴重な財産

定年まで育ててくれた会社では、実に多くのことを学びました。それが今の自分の仕事に対する基本的な考え方に結びついています。

もちろん読者の皆様も、今のポジション、仕事内容で必ずしもできないこともあると思います。私もここには書いているものの、全く会社内ではできなかったこともありました。

読者の皆様もご自分の経験と照らし合わせ、できることがあればチャレンジし、将来への財産としていただければうれしいです。

---

42 「フラットな関係」とは人間が楽しく働く基本

上下関係という言葉が好きではありません。仕事をする上において上下関係は本当に必要なのかが今でも疑問です。

日本は特にこの上下関係を様々なシーンで意識せざるを得ない気がしています。それで本当に力を発揮できるのかが不思議でなりません。

よく言われたのですが、会議などでも「立場上、こちらの上座にお座りください」などというのもあまり好きではありませんでした。

いつも断るわけにはいかないので、従ってもいましたが、自分たちの会議の時は、一般社員の中に席をとったりもしていました。

特にアメリカから帰ってきて感じたことは「業者」という言い方をよく使うことです。シカゴから帰国六カ月後に日本通運のＩＴの責任者として赴くのですが、そこでは日常的に業者という言葉を使っていました、なかにはベンダーと呼ぶ人もいるのですが、そこには顧客側と業者側という上下関係を感じる言葉であることをとても意識したのです。

欧米ではＩＴの協力会社をベンダーとか業者（もともと業者というとらえ方はない）という言い方は全くしませんでした。そこではあくまでもビジネス・パートナーとして一緒に仕事をする仲間という言い方です。とうぜんとらえ方も自分と同じ目的を持って働く企業、個人となるわけです。

読者には単なる言葉や言い方の問題と思われる方もあるかもしれませんが、受け取る側から見ると、業者と言われるのとパートナーと言われるのでは全く違います。

私が営業をしていた時の話ですが、日本の電機メーカーに物流提案をお持ちした時、相手の物流担当者が発した言葉が頭について離れませんでした。

「君たちは業者なんだからお客の言うとおりにすれば良いんだよ」という言葉です。これにはいささか腹が立ち、「お言葉ですが……」とやってしまい出入り禁止になるという時もありました。

人間にとって働くということはただ単なる歯車ではなく、自分で咀嚼し、消化し、創造して動くことで、働くということが最も楽しい行為になってくるのです。

それを指示する人が「自分の言うとおりにせよ」といえば、その人間の楽しさだけでなく、成長する意欲を奪い取ることになります。

しかもその仕事の内容が間違っているかもしれないのに、またはもっと良いやり方があるかもしれないのに、その通りにすることで進化がなく、場合によっては後退してしまうこともあるのです。

上下関係があるので会議で話しづらい、自分のアイデアを出す環境がないと感じている社員は意外と多いと思います。これをお読みの読者の皆様は賢明な方々だと思いますが、さらに一歩進めて働くことが最も楽しいという状況を作ることで組織がさらに強くなること、社員がさらにイキイキと働き始めることに挑んで下さい。

フラットな関係というのは、単に話しやすい環境や「さん」で呼ぶ運動のことではなく、もっと人間が楽しく働くという本能に迫った事柄なのです。

今の仕事は、本来のパートナーとしてお客様の役に立つことを最優先で考えていることになります。これも従来とは少し発想を変えて、お客様と良い目標に向かって仕事をする関係ができているからです。

43「気合と根性」はやり抜く力、やり抜く心

私は、小学校から高校、そして社会人とサッカーを趣味として生きてきました。シカゴ時代も夏はフィールド、冬はインドアサッカーをストイックに楽しんでいましたので、私のサッカー生活の現役引退は四八歳と言っています。

その後日本に戻ってきてもフットサルなどに呼ばれていましたので、まだまだできると思っていますし、今でも、いつ呼ばれても良いように体は鍛えています。

「気合と根性」この言葉は中学校のサッカー部にいる時に盛んに使っていました。ちょうど時代も東京オリンピックが終わり、日本の国が右肩上がりに成長を続け始める時代でした。

また高校に入るとその当時サッカーでは名の知れた川口の男子校だったので、サッカー部の練習はとにかくきつかったのを鮮明に覚えています。

一年生の時は、グランドの整備からボール磨き、部室の掃除から先輩のスパイク掃除と何でもやらなくてはならず、とにかく一年間過ぎて後輩が入ってくるまでがとても長く感じられました。

仕事においても「気合」はとても重要です。自分の気持ちを強く持っていないと成功することもできませんし、チームの気持ちを一緒にしないと上手く回りません。もちろんアメリカ社会でもこの「気合」を持って仕事をしている人はたくさんいますが、日本でいう「気合」とは少しニュアンスが違う感じがします。

気持ちを込めるという表現はアメリカでもしますので、仕事を自分の想いを込めて成功を信じて行うということになります。

また「根性」についても「やり抜く力、やり抜く気持ち」と言い換えれば、仕事をする上においては絶対に必要な力になります。特に最近はこのやり抜く力が弱くなっていて、仕事を頼んでも最後まで完成できない場合が多くありますし、ＩＴプロジェクトなどでもやり抜かない、やり抜けないケースも多々出てきています。

ただ何でもこの「気合と根性」で戦えるかというと、これだけでは仕事はできないというのが本音です。

ところが日本では平気でこの言葉で進められる場合があります。特に企業での上下関係や顧客と業者の関係などで使われるケースが多いです。

私もたくさんの場面を見てきました。そのほとんどが良い結果や成果を生んでいません。少しミスをした業者には容赦なく「徹夜してでも気合で直すように」などといわれます。「気合と根性」はとても大事なことではありますが、仕事に対して強い思いを持って働くということと、仕事をやり抜くということが重要だと思います。

44「信頼関係」は強い組織、強いチームをつくり上げる

「信頼関係」はとても好きな言葉です。仕事は絶対に信頼関係なしではできません。仕事だけではなく社会生活やスポーツなども同じです。特に夫婦関係、家族関係などでも当たり前ですが、この信頼関係が自然とできている家族が上手く行っているのだと思います。

学校などでも生徒同士の信頼関係、先生と生徒間での信頼関係、父兄と学校の信頼関係などなどあげればきりがありません。ところが、最近この信頼関係の構築ができない個人、組織が多くなってきているのも事実です。

それが今の社会を壊していくのではないかととても危惧しています。

改まって「信頼関係を作りましょう」などということはあまりありませんが、子供のころから信頼できる人とは自然に打ち解けて徐々に「この人は信頼できる」と自分の中で確信していくのが普通だったと思います。

そしてそれが相手にも伝わり信頼関係が構築されていくことになります。決して一方通行では信頼関係は築けません。

これは大人になってからも一緒で、仕事をしていてその仕事ぶりや人間としての魅力、謙虚で約束を守り、人を責めないなどの振る舞いが他の人から見て信頼できる人であり、片方がそのように思うことによって相手も信頼してくることになります。

定年後でも多くの方と知り合い、一緒に仕事をする上においてまず作らなければいけないのが信頼関係です。

日本の企業でも、もっとこの言葉「信頼」と「尊敬」を年齢や上下関係に関係なく使える現場が多くなることを望んでいます。相手の心を動かせる言葉を使うことはリーダーにとって大事です。

45 「コミュニケーション」とは相手の心を動かし行動させること

最近、コミュニケーションセミナーの講師をしてほしいというリクエストを多く受けます。ところがコミュニケーションをいくら座学で説明しても、頭では理解しているものの では翌日からできるかというと難しいのが実態です。

そこで私のセミナーはとにかく話してもらう、体験してもらうことを多く取り入れています。できる限り実践していただくことがコミュニケーションを取れることにつながります。最初は慣れないので不自然さがあるのですが、実践を積んでいくうちに間違いなく自然に話ができるようになっていきます。

コミュニケーションというと相手と話すことしか考えない上司がいて、話さえしていればコミュニケーションができていると勘違いしている方がたくさんいます。

話すだけではなくて相手の心を動かしたり、相手の行動に影響を与えたりするのが本来のコミュニケーションです。

しかもそれは単に話すだけではなく、手紙やe-mail、会議、朝礼、相手に何かを伝える、事務所の壁やサイネージなどでビジョンや数値目標を共有化するなどはすべてコミュニケーションに該当します。

よくセミナーでも経験談としてお話しするのですが、マネジメントやリーダーはできる限りコミュニケーションの機会を作ることも心掛けなければなりません。定年後も積極的にコミュニケーションの機会を作ることで、皆様の生き様や、経験を広く話すのは、相手の心を動かす道具になります。

46 「笑顔」は自分の気持ちを相手に伝える素晴らしいツール

アメリカにいた時によく言われたことは、日本人は笑顔を見せないということでした。確かに学校でも会社でもあまり笑い顔を見せるのは好ましくないと習った記憶があります。

しかし私は積極的に笑顔で応対し、笑顔でスピーチや会議、特に飲む会では意識をしていました。アメリカでは道をすれ違う時にもエレベータに乗り合わせる時にも、もちろん職場の挨拶時にも当然のことのように笑顔でよく笑います。

アメリカの運転免許試験所に最初に行った時のことです。免許の写真を撮る際に日本では、免許やパスポートの写真では歯を見せてはいけないというルールがあったので怖い顔になっていたようで、カメラを構えた係員が盛んに「スマイル」と何度も言うので引きつった作り笑いで免許証の写真を撮られた記憶があります。

カリフォルニアのその当時の免許証は更新時でもそのまま使うので、笑顔の良い免許証に変えたかったのですが、なかなか変えられずに今でも保管してあります。

笑顔には不思議な力があると信じています。良いアイデアは笑顔と共に作られると思いますし、笑顔で仕事をすることで雰囲気が良くなり、仕事の成果が上がることも確かです。何と言っても笑い声によりチーム内に良い風が吹いてきた経験はたくさんありました。その意味でも企業にいる時には笑顔で仕事をするように心がけてきたのです。時と場合によっては立場上、笑顔を出せない場合もありましたが、心の中のどこかには常に笑顔の元を作っていました。

今でもこの考え方は全く変わっていませんし、むしろ退職後の方が笑顔が増えていると思いますし、よく指摘もされます。接客をしていただいたお店の人にも、美味しい食事を提供してくれたレストランでも、機内のキャビンアテンダントにも常に笑顔でお礼や声掛けをしています。

特にレストランで良いサービスや美味しい料理をいただいた時には間違いなく笑顔でお礼を言うようにしています。お店の人がとても喜ぶことは言うまでもありません。これが彼らのモチベーションになり次の良い仕事に繋がっていくのです。

ちょっとしたことなのですが、自分の気持ちを相手に伝えるには笑顔はとても素晴らしいツールになります。

自分の仕事のことを考えて下さい。自分自身で良くできたと誉めたくなる仕事が終わった時に、上司から笑顔で内容について評価していただくことがどんなに嬉しいか。

反対に厳しい状況に陥り、言うならば修羅場の状態を乗り越えなければならない時こそ、皆様にお勧めしたいのは、無理にでも笑顔を作るように心がけていただくことです。

無理にでも笑顔で口角を上げていると心も落ち着き、良いアイデアが出たり、前向きになったりします。それくらい笑顔には力があるのです。

47 「ストレスコントロール」は自分に与えられた道具でなしとげよう

大きな組織であればあるほど仕事をする上において多くの人達と関わるわけですから、少なからずストレスがあると思います。

かく言う私も、今思いますと自分ではそれほど感じてはいませんでしたが、きっとストレスは多かったと思います。なかなか成果の出ないプロジェクトだったり、大幅に予算をオーバーしそうな開発案件であったり、様々な理由で会社の基幹システム上の品質が悪く、業務にまで影響を及ぼしたことは、数え上げればきりがないほどで、様々な困難が起こっていました。

人間は生きている以上ストレスと向き合っていかなければなりません。ストレスの全くない社会にしようというのはあり得ない話です。

それではどうしたら良いか？　自分の身の周りに起きているストレスをコントロールするしかないのです。人間はそれをコントロールできるものと私は思っています。

少しのことでは驚かない心、どんなことでも必ず解決すると信じる心、今までの自分自身を信じる心、そして周りにいる仲間や家族を信じて助けてもらう心、時として安らぎの音楽、美味しい食事、楽しい語らいなどもコントロールする大きな助けになるでしょう。

このようにたくさんの道具を人間は持っています。それらを使うことによりストレスをコントロールすることができるのです。ただその意識がないとストレスに負けてしまうことになるわけです。

アメリカで働いている時には、日本人の私は当然多くのストレスに襲われていました。しかし日本にいる時ほどのストレス・プレッシャーは感じませんでした。

大らかな人間関係、住環境や車通勤などの社会環境も関係していると思いますが、アメリカにある企業のフラットな組織、チームプレイなども自分に合っていたために感じなかったのだと思います。

一般的なアメリカ人も、人によるとは思いますが、日本人ほどストレスを感じている人は少なかったと思います。彼らなりのストレスコントロールが身についているからだと考えています。胃を患っているアメリカ人が少ないのもその表れだと思います。

定年後も多くのストレスを感じている方もいると思います。気持ち、時間、経験などからくる余裕、柔軟性を武器にコントロールされることをお勧めします。

日本でもすべての国民がストレス社会に対応するための自分なりの方法を見出し、それを自然に実践できるような社会環境が作られると、いつの間にか自分自身がストレスに強くなり、常に前向きに物事をとらえる性格に変わってくると思います。

48 「チャレンジすること」その思いが自分を成長させる

常にチャレンジしていたいと年齢を重ねる毎に強く思うようになってきました。これは五〇歳を過ぎたころからとても感じるようになったものです。もちろんそれ以前でも多少高い目標であってもそれをクリアしたいと必死にもがく自分がいました。

なぜこれほどまでに常に挑戦していたいのか？　それはその思いが自分を成長させ、刺激を受けて、前向きに生きることができる、そして結果的に若さを保つと確信しているからです。何よりも少し高めの目標が工夫をする甲斐があり、挑戦していて面白いからです。

これもアメリカの方々の話ですが、チャンレンジという言葉が彼らは大好きです。常にチャレンジしている自分を想像して生きているといっても過言ではありません。これはチャンレンジという響きから前向きに生きている証と考えているようです。

彼らは何でも前向きです。たとえば仕事上で問題が多数発生しそれを一覧表にまとめたとします。言葉の使い方で恐縮ですが、日本では「問題リスト」とか「課題リスト」と言いますが、私が経験したプロジェクトでは決して「課題（Issue）リスト」とは呼ばずに「挑戦（challenge）リスト」と呼んでいました。

これは少しでも前向きに課題をとらえてクリアしていこうという気持ちの表れだとアメリカ人に教わった記憶があります。思わず納得し、それからはこの挑戦（チャレンジ）という言葉をよく使うようになりました。

物事を否定的（ネガティブ）にとらえるのと前向きに肯定的（ポジティブ）にとらえるのでは、それを実行する際に大きな気持ちの違いが表れることを学んだものでした。

49 「働く時には歯車になるな」もっと自分の頭で考えて行動しよう

私のマネジメントの原点になった研修の話をしましょう。

これは日本で三五歳頃に新任課長研修として参加したときのことでした、先輩からあまり詳しくは聞かされずに指定された日に小田原に集合し、バスに乗せられます。行った先は箱根の山奥にあるバンガロー村でした。そこで自分自身とてつもなく影響を受ける研修が始まったのです。

それは「組織革新」を大きな目的とした研修で、個人のマネジメント能力を養うとともにチームワーク、即ち企業としてどのように経営していくかも体現することのできる研修でした。

まず現地に着くと同じ会社の人はいないチーム分けが発表されます。そこからはチームでの行動になります。そのチームは会社内の各組織を意味していて、その各組織が歩行ラリーを通じて業績を上げて、全社の業績に寄与するという研修なのです。

何がすごいかというと、寝られないほどの課題が経営者役の事務局から突きつけられます。各チームはそれぞれのバンガローに入り、夜を徹して議論を始めます。これを五泊六日の行程で行いますが、実際に寝られるのは一泊か二泊であとは徹夜での課題・解決・議論です。

確か医師も待機していて健康管理には万全を期していたのですが、眠れないのはいくら三〇代の若さでもかなりきつく、精神的にも参ってしまう人も出てきます。その度に同じチームの仲間同士で励まし合いながら、良い成果に繋がるように徹底して議論を進めます。全二〇チームの組織でそれを行うのですから、実に様々なことが起きます。

私が経験したのは、とにかく家に帰りたいと泣き叫び事務局へ押し掛ける人達や、チーム内で喧嘩が始まりとても押さえられなくなってしまうなど、事務局や各チームにアドバイザーとして付いている世話人たちも必死です。

食事はかなり栄養のある品が毎回出ていて、夜食だったり、フルーツだったり事務局等で二四時間受け取れるようになっていましたし、アルコールもビールは何時でも飲むことができる環境でした。

ただし、お風呂に入れないのはとても辛かったのですが、三日目だけは全員が交代で近くの温泉ホテルの大浴場を借りて入浴できるという流れになっていて、何とか六日間をやり遂げます。

最後の日は全員で講堂に集まり、主催者の講演と自分たちが六日間でやり遂げた成果発表などで盛り上がります。そしてクライマックスは参加者全員で「知床旅情」を歌うのですが、辛い状況の中でやり遂げた喜びと一緒に苦しんだ仲間たちとの別れ、やっと家に帰れる喜びで三〇代から四〇代の男たちが大泣きする様は、それはそれで凄い光景でした。

私の場合に涙は出てきませんでしたが、やはりやり切った充実感からの感動はとてつもないものが沸き上がったことを記憶しています。

そこで学んだことは、今でもノートに記してありますし、明確に私の記憶の中やそれからの会社人生の中で大きく生きています。ひとつはタイトルにもした「働く時は歯車になってはいけない」ということでした。これは働く時に人間の能力（人間力）を使わないただの歯車が動くだけのようになっては、楽しくないということです。

人間の能力は計り知れないものであるから、仕事をする上において自分の仕事を創造し、創り上げることで楽しさや面白さが出てくる。歯車として働くのではもったいないということになります。英語に直すとWORKではなくCREATEしなさいということになります。もっと自分の頭で考えて行動すると間違いなく面白くなってくるとも言えます。たとえば上司から言われたことをそのままするのではなく、一度自分の中で咀嚼し、消化し間違いないと確認して行うようにすることです。もし間違いがあれば訂正するべきであるし、もっと違う方法があれば提言すべきことになります。

上司から見ると、このことを頭に入れて仕事を与えないと、つい言葉に出てしまう「言われたことだけをすれば良い」というひどい発言に繋がってしまいます。上司としては「この方法がベストか自分で考えてやってみなさい」という発言の方が部下は伸びると考えるべきでしょう。

自分の仕事はどんな仕事であっても自分の頭で考えて理解して行うという癖をつけてあげることがリーダーとしての教えになり、それを継承していくことで個人も組織も強く変わっていくことになります。

「組織革新」という考え方はまさにそのような発想になっていきます。特に現代の世の中では、個人も組織も進化していかなくては乗り切ることはできませんし、次世代への良い移行はできなくなります。

この研修では、それ以外にもチームワークでの力の出し方、議論の進め方、適材適所の考え方、集中の仕方、仲間との友情、ビールを飲みながらまじめな話をする楽しさ、目標に向かってやり抜く力の出し方などを学んだことで、私にとっては人生の中でとても意義のあるものでした。

ある調査によると、最近の日本では会社の中で自分の仕事に熱意や情熱を持って働いている人の割合が、世界的に見ても極めて下位に位置付けられているようです。反対に組織や会社に対する不満がとても多く、とても心配ですし大きな問題ともなっています。

私が講演会やセミナーでお話させて頂く時に話題にするのですが、もっと「働く」ということについて自分の喜びを感じるようにしなければ、長続きも、良い成果も出ないとお話しています。これは定年を迎え、長い期間働いてきたが故の経験であり、思いでもあります。私のコンサルティングの仕事で、ご縁がありお手伝いをさせて頂く場合でも、あくまでもお客様企業や個人が「働く」ことに生きがいを感じ、「仕事」に誇りを持って頂けることを成果の最優先にしています。

それはまさに人間の持つ力を発揮できている喜びの時であり、輝いている時なのです。

50「心に火をつける」あなたの言葉に本当の心がこもっているか

セミナーで時々使うフレーズなのですが、すべての相手がある場面においてはこのフレーズを頭に置きながら話をしたり、行動をしたりしています。どういうことかと言いますと、自分の話したこと、自分の行動が相手にどのような影響を与えられるのかを意識して動いているということになります。

たとえば職場でスタッフに対して仕事上のアドバイスをしている場面を思い浮かべて下さい。相手が理解できるような平坦な言葉を使用して説明したとしても、あなたの本当に伝えたい、どうしても分かってほしいという熱意があるかどうか、そしてその熱意を相手が感じるかどうかで結果は大きく変わってきます。

相手があなたの熱意を感じなければ、聞き流されるでしょうし、時間を使っているのに相手のためにも自分のためにもなりません。相手があなたの熱意、想いを感じる話し方を意識します。それは決して話し方が上手であるとか論理的であるとかではなく、それ以前にあなたの言葉に本当の心がこもっているかが勝負になります。

これはコミュニケーションのすべての場面で活用できることであり、多少暑苦しく感じられても私は必ずやってきました。また自分の相手に対するちょっとした行動で相手の心が動くこともありました。

特に行動に関しては狙ってしているわけではありませんが、自分の振る舞いとして、謙虚で優しくをモットーに動くことによって、この人ならば一緒に仕事をしたい、といったような気分にさせることは身に付けておくことをお勧めします。

特に営業職の方々には絶対に身に付けてほしい能力です。私は立場上とても多くの営業の方々とお会いしてきました。大企業のトップの方から新入社員の方までいろいろな層の方々とお会いして感じたのは、この人とはもう一度話をしたいと思うかどうかが、その企業とお付き合いできるかどうかのバロメーターであったことは間違いありません。

単なる売込みが上手いではなく、人として信頼できるのか、お客様の立場で考えられるのか、そして熱い想いがあるのかが、私がもう一度話を聞きたくなる営業の方でした。

今の仕事、生活でもたくさんの方と話す機会を頂いています。そこでは自分の生き方を、押し付けではなくお話いたします。そのような場でも、知り合ったご縁を大切に、心を込めたお話をさせて頂いています。さらにご縁が増えることを祈って。

51 「ありがとう」感謝は人間の生きている証

「ありがとう」という言葉を一日何回言っているのでしょう。自分自身がこの言葉を言われたいと思って生きている気持ちがあるので、必然こちらも積極的に言葉に発してしまいます。良いサービスを提供してくれたこと、良い笑顔だった時、自分がとても助かった時などなど、あらゆるシーンでこの「ありがとう」を言っています。

アメリカの人たちも「Thank you!」はあらゆる場面で使っていました。たとえばエレベータやドアを開けてあげる時、自分より先に相手に譲る時、もちろん家で食事の支度をしてくれた時や、何か自分のためにしてくれたことには欠かさず「Thank you!」です。

会社の中でもスタッフ全員がこの優しい言葉を発することができる環境を作ることをいつも心がけていましたし、お祝いのお返しなどでもサンキュウカードを付けて感謝の印としてお返しをしていました。

感謝する心は、国を超えて人間が生きていく上においてとても大事です。それはなぜかというと世の中は自分一人では生きていけないようにできているからです。必ず誰かに助けてもらうことがないと生きていけません。

そのためには感謝の心が必要になるのです。それが人間の生きている証でもあります。そのためには自分が感謝することで相手も必ず優しい心になるのは当然だと思いますし、たとえ嫌な相手であっても必ず感謝の心があるのですから、そこを探し当てるのがまた楽しくもあるわけです。

定年になった今でも、この気持ちは全く変わっていないですし、むしろもっと感謝しなければならない人たちが有難いことに山のように出没するのですから、必然「ありがとう」の気持ちで生きていくことになります。これからも、もっともっと感謝の気持ちを大きくして、ご縁やかかわりのある方々とお付き合いしていきたいと思っています。

治癒後のイメージトレーニングでガンを克服、六七歳にして次のステージの扉を開けるM・Fさん

M・Fさんは私より二歳上の六七歳で、現在まだ現役の組織内のシニアアドバイザーとしてIT会社で働く若い社員への教育担当を中心に、日々楽しくご苦労をされている方です。

年は私の先輩なのですが、入社年度が一緒ということもあり一〇年ほど前より会社内で関係する仕事やプロジェクトを何度も一緒に行い、苦しんだり、楽しんだりと懇意にしていただいております。

そんな彼は六三歳の時に肺がんを患います。その時の彼は二〇〇人ほどの社員を持つ情報子会社の社長、私はその本体会社の情報担当責任者で、かつその情報子会社の社外取締役をしていました。

彼は子会社の社長でしたので、決済以外の通常の仕事は役員以下で回せるようになっていましたから、とにかくじっくり治すことを前提に有明の病院に入院します。根っからの明るい性格で前向きであるのが幸いして、お見舞いの度に二人でコーヒーを

飲みながら「早く治して良い仕事を一緒にしよう」と元気づけ、彼も「何としても治す」との強い決意で手術に臨み、無事に復帰します。

その後仕事を再開するのですが、約二年後に急に声がかすれだしてしまいます。最初はちょっとした風邪のせいだと思っていたのですが、彼は何か気になったようで診断してもらうと気管支及び右肺にがんが転移しているのが分かり、また入院でした。

さすがにこの時は彼もガックリしていて、お見舞いに行ってもなかなか元気に受け答えができませんでした。

そんな彼がまたまた前向きな姿勢を見せてくれたのが、仕事への復帰の自分のイメージでした。そこで私はお見舞いの度にあえて仕事を持っていくようにしました。

私は既に起業していましたので、治ったらぜひとも一緒に面白い仕事をしようと彼にアイデアをぶつけて彼の意見を聴いたりします。

それと同時に彼の好きな鉄道の本や雑誌を持参して、治ったら鉄道に乗って日本全国回ることを考えてもらい、さらに治癒後のイメージトレーニングをしてもらい、一年を超える放射線治療と抗がん剤の治療で何度か入退院を繰り返し、四年経った今はすっかりがんも姿を消したようで、毎日明るい笑顔で話し、仕事をしている彼の姿を見ると、モチベーションによる人間の力の凄さを見ている気がします。

そんな彼に組織から離れたら起業を進めるようになったのは、二度目のがん治療の頃からでした。とにかく将来の自分の姿をイメージしてもらい、まだまだ仕事を続けられるし、残さなければいけない知見が山のようにあるとの話を何度となくして、奮い立ってもらおうと何度も試みました。

決して私のその働きかけだけが功を奏したわけではなく、彼の努力、医師団の判断、ご家族の献身的な看病、彼の友人、スタッフ達の励ましなどが要因だと思います。

弱気になるのではなく、将来を無理やりにでも向かせて生きがいを見つけさせることが大事なのだと確信した時でした。

現在は、今の会社とのあとわずかの契約を残し、これから先をどのように生きていくかを思案していましたので、自分の経験してきた多くのことから社会に残していく仕事はたくさんあることを話し、少しずつでも準備を始める意味で現在の仕事でもある若手の育成や教育を行いつつ、資料の整理などをされているようです。

そろそろ彼も本格的に起業に関して調べはじめ、最近はさらにイキイキと今の仕事をしている姿を見ることができます。

定年後の私たちは自分の残りの人生をいかに楽しく過ごすかということと、自分が生きてきた証として自分の経験を後続の方々に何らかの形で残すことも重要だと思っています。

M・Fさんもそれに気づかれ、これからの彼の人生にもう一つの目標を持つことができたと思います。これからは組織の中からではなくて、自分で会社を立ち上げることによって自分の責任で新しい一歩を踏み出すことや、新しいことを始める目標が明確化され、それにより年齢に関係なくモチベーションが上がり、今の毎日が充実し、楽しく、周りにもとても良い影響や笑顔を与えることができる素晴らしい決断だと思っています。

この本が出版される頃には、彼は六七歳にしてさらに次のステージへの扉を開けていると思います。無理をせずに楽しみながら、そしてお互いに知恵を出し合いながら、まだまだあと一五年は頑張って後輩を育てて行きましょう。毎週の情報交換と称して二人でコーヒーを飲みながら話す日々が何よりの楽しみです。

第六章

常に面白いことを求めて人生を楽しむ

52 幸せのためにやりたいことは必ずやる!

仕事も遊びも何か面白いことをしたいと思っています。

せっかく素晴らしいこの世に生まれて、今まで様々なお蔭で生きてこられたわけですから、これからも年齢を問わず常に楽しく生きたいと思っています。そのためには、今、定年前でバリバリ仕事をする年齢であっても決して仕事に追われるのではなく、自分の仕事のコントロールを自分自身でできていれば、スタッフに対しても過大な目標をあげることもないでしょうし、強いプレッシャーも必要としないでしょう。

しかしそれでいて、個人としても組織としても、そしてそれらが集まった企業全体としても、最高のパフォーマンスができる環境を作り上げることですべてが幸せになれるはずだと強く思っています。

そんな理想だけを言っていても絶対無理と思う方もあるでしょうが、考えることすらせずに、または実行にも移さずに無理ということはできません。

やはりやってみなくてはわからないのがこの世の中であり、やらないで批判だけをしている人はあとで必ず後悔することになります。後になって、やはりやっておけば良かったと思うことが、後ろには戻れない世の中では、最も辛いと思っています。

だから幸せのためにやりたいことは必ずやると心に決めています。

何か面白いことを考えているのであれば、待っていたのでは何も起こりません。これまた自分で率先して動くことで面白い情報を入手したり、面白い人間に出会ったり、面白い仕事が舞い込んで来たりと、良い方向に動き始めます。

面白いことを面白い人達と一緒に行うことで面白い結果が出て、それが世の中にとっても面白いことになる。こんな楽しいことってないですよね。

定年後であっても全く変わらないこの面白さを追い求める姿は、他から見たら人生の黄金期にふさわしい姿に見えるでしょう。

何といっても楽しく生きているのですから。あの人の所へ行ったら何か面白いことが起きるのではないか、と思わせる六〇代後半の姿には憧れますね。

面白いことを求めて生きているあの人に、また会いたいと人が集まってくる、これこそ格好いい大人です。

53 格好良い、もてる大人に変わる！

格好良い大人になりたいとずっと思っていました。では今、格好良い大人になっているかと言うと、なかなか現実は厳しいのですが、今でも格好良く生きたいと思っています。

何が「格好良い」という言葉の定義かと言うと、心から生きているというエネルギーや若さが伝わってくる人だと思っています。年齢が若ければ失敗しようが何をしようが生きているエネルギーや、当然ですが若さも容姿から伝わってきます。

ところがある程度年齢が行くと、その自然に伝わる要素が間違いなく弱くなってきます。これは仕方がないことなのです。ですから自分で意識して気持ちを若くしておく必要があるのです。

しかし、ただ意識しておくだけでは、間違うと全く逆の見え方をしてしまうことがあります。それは若作りと言われる言葉になってきてしまいます。

意識して若い格好をしても、過去の話ばかりで前向きでなかったり、余裕がなかったりした瞬間にすべて水の泡と化してしまいます。

やはり無意識に出てくる格好良さとなると一つには「遊び心」や「恋心」だと思います。遊び心や恋心がなぜ格好良さに繋がるかと言うと、心の余裕を感じさせるからだと思っています。どんなに仕事をバリバリしている人でも、音楽のことを語らせたら目をキラキラさせて語り始めるとか、スポーツの話を始めると素敵な笑顔でかなり詳しい情報まで話すことで周りの空気を楽しくさせるとか、仕事をしている時とはまた別の一面が見えて、とても興味や親近感が湧いてくる人がいます。

そのような人の周りにはたくさんの人が集まってきますし、また会いたい、また話したいと思うでしょう。

何歳になっても人を好きになることは若さを保つ秘訣だと思っています。

恋心を広義に考えていただきたいのですが、私の場合でも男性、女性を問わず、この人は格好良いとかこの人に憧れると言う人にたくさん会いたいと思っています。

またセミナーやパーティなどで知り合った方でも、もう少し話したいと思う人がいれば、積極的に連絡を取らせていただいています。自分自身もそのような人になりたい、学ばせてもらいたいと思っています。

これは会社の中でも、すぐに対応可能なヒントですので読者の方もぜひ、もてる大人に変わって下さい。ただし、自分でもてたい、もてたいと思っている人は決してもてませんので悪しからず。

54 ユーモアのある人生は絶対楽しい

これも遊び心に繋がると思うのですが、ユーモアのある人、ユーモアの分かる人も一緒にいると楽しいので多くの仲間が集まることも事実です。

やはりユーモアは心の余裕に繋がると思うのです。どんなに厳しい状況であってもユーモアを忘れない人は素敵です。またユーモアの分かる人はもっと皆を楽しませるにはどうすればいいかを常に考えていますから、常に前向きで向上心があり、頭も良い人だと言われています。

私は日本語の言葉遊びがとても好きで、小さい時からよく友達と遊んでいました。それが高じて小学校では落語、中学校では大喜利ごっこなどもして遊んでいました。

ユーモアがわかる人生は絶対に楽しいのです。なぜならそこには笑顔が付いてくるからです。何度も言っていますが、笑顔は幸せに生きるための基本ですので、笑顔を生み出すツールとしてのユーモアは私にとって必須なのです。

ユーモアがいつも出てくる余裕を持って生きていたいですし、心から楽しめる環境も作りたいと思っています。

難しく考えることはありません。今巻で流行っているフレーズを少し利用するだけでも周りを笑顔にできます。

たとえばジョギングの話になった時に、テレビドラマで流行っているフレーズを使って、「最近私も『ミッドフット走法』に変えました」などと言ったら絶対に受けますし、少し前ですが、セミナーの時、プロジェクトでは「倍返しができます」などとこれもテレビドラマのフレーズを入れたことがあります。このようにちょっとした小ネタで笑いを誘えば、それからはペースをつかんで人を引きつける話もできると思います。

55 趣味を広げる・資格を取得する

趣味は何ですか？　と聞かれるといつも「山のようにあります」と答えています。自分でも多趣味だと思っています。

これまでも書いた通り、音楽鑑賞、楽器の演奏、カラオケ、ライブ、ゴルフ、ゴルフ観戦、サッカー観戦、フットサル、ボーリング、落語、演芸、観劇、旅行、食べ歩き、古い建物の鑑賞などなどですが、まだまだやってみたいこともたくさんあります。

これは会社員時代から続けていることもありますし、定年後に始めたものもあります。趣味をたくさん持つことは間違いなく仕事や働くことの活力になりますし、仕事自体にもつながってくることがたくさんあります。

私の今の仕事であるコンサルティングでの組織戦略やコーチング、人材育成のリーダーシップ・マネジメント、モチベーション・マネジメント、ストレスコントロールなどにも大いに参考になっています。

これらの趣味の世界に自分がいる時には、自分自身のストレスコントロールにもなっていることもあります。趣味は仕事につながることがあるかもしれないのですが、仕事のことを忘れて趣味の世界に没頭できることは、大いに気分転換になります。

さらに、体が鍛えられたり、脳が鍛えられたりすることもあれば、お得な気分になります。多趣味人間は活力があり、話題も豊富になります。そしてそこでも人脈が作られますから、たくさんの特典があるわけです。

具体的には私がよく行くサッカーの試合観戦です。テレビで見るのとは違いスタジアムで観戦するとフィールド全体が見渡せますので、一一人の効率的な動きや相手に対しての戦い方、試合時間と形勢での戦術実行と変更などがわかります。

考えるとこれらは企業における経営やプロジェクトの運営とよく似ており、勝つためにはどのような手段が必要かを究極的に突き詰めて、今の状況をベースに考えることができます。これはとても楽しいものです。

もちろん試合ですから勝つこともあれば負けることもありますので、それを基に結果分析をして次につなげるにはどのようにしたらよいかなども考えられ、これらは仕事に応用することができます。

趣味を楽しむことによって、それが自分の仕事につながってくることを楽しんでいただきたいと思います。定年になると、趣味を楽しむ時間も自由に使えることになりますので、六〇を過ぎてから、いえ、いくつになっても新しいことに挑戦することができるのです。

積極的に新しいことに取り組むのは気持ちを若く保てますし、とにかく交友関係が広がります。このように趣味を多く持つことによって自分の仕事の世界と別の世界を歩んでこられた多くの方と繋がることができます。そして、これからの人生にとても大きな影響を与えてくれると思います。


資格を取ることも、できれば会社員時代に時間を工面して勉強し、挑戦することはとても大切だと思います。ただし、かなりの勉強を必要とする資格試験にはそれなりの覚悟と根性が必要になります。

私が取得したプロジェクトマネジメントの資格は、自分の仕事の上でかなり役に立ったと思いましたので、休みの日は六カ月間ほとんど資格試験に費やしました。その資格が直接仕事であるＩＴプロジェクトの成功に役立ちましたし、会社内の様々な案件に資格保持者としての動きができました。

定年後にいろいろの資格試験を取得する方もたくさんおります。彼らは現役時代に多くのプロジェクトを経験していますので、事前レポートや資格試験の受験条件なども簡単にクリアすることができますし、試験勉強自体も平日の時間を使って自由にできますので、私の周りにも定年後に資格を取られた方がたくさんいます。

プロジェクトマネジメントの他にファイナンシャルプランナー、社会保険労務士、中小企業診断士、行政書士、カウンセラーなどです。皆さんがそれで事務所を開いていらっしゃいます。こうなりますと趣味ではなくて自分の職業となります。

56 音楽は年齢を越え、国を超えて楽しむツール

まずは私がこよなく愛する音楽の話です。

私の五つ年上の兄の影響を受けて小学校六年の時にロックバンドを組んだのが音楽との最初の取っ掛かりでした。その頃はベンチャーズの最盛期でしたからインストルメンタル

でベンチャーズのコピーから入り、そこからビートルズ、ローリングストーンズと移り、しばらくすると日本でもグループサウンズブームが始まったので、徹底的にコピーをしていました。

ギターとの付き合いも一二歳からで、いまだにギターを三本持っていて、時間があるとボローンとひいています。そのころから五〇年以上経っているわけですから、中学、高校、社会人、大学とバンドを作っては解散して、時にはフォークソングにはまって、やれ吉田拓郎、井上陽水、かぐや姫、松山千春などなどと次から次へと歌っていた時代でした。

不思議に楽器を演奏し、音楽と付き合っていると元気になる自分がいました。きっと音を楽しむことに没頭して、嫌なことを忘れさせてくれる私のストレスコントロールのツールだったのでしょう。今はあまりストレスを感じませんので、純粋に音楽を楽しむようになっています。

カラオケにもよく行きます。冗談でレパートリー三〇〇〇曲と豪語しています。私が学生の頃はラジオの深夜放送の人気は大変な時代でした。オールナイトニッポン、セイヤング、そしてパックインミュージックが民放ラジオ局三大深夜番組でした。

私たちは試験勉強をしながら民謡からポップス、クラシックから演歌などなどあらゆるジャンルの音楽を聴きまくっていた時代でした。それで知っている曲数が増えたのだと思います。その頃の歌を今でも忘れないのが自慢です。

そして知る人ぞ知る『クイズ・ドレミファドン』という番組で、私と妻がチャンピオンになった話は周りでは有名になりました。これは二五歳の時に結婚できた思い出にということで「ニューファミリー大会」の予選に応募したところ書類審査、そして予選をトップで通過して、その当時日曜日の一二時から放送していた番組に出たのです。

司会は高島忠夫さんでしたが、間違えるとバッテンマスクをして答えられないルールでした。幸い我がチームは間違いをせずにあれあれという間にチャンピオンになっていて、気が付いたらゲストの西城秀樹さんからトロフィーを渡されて夢心地でした。

その勢いでグランドチャンピオン大会に出場するのですが、スーパー中学生にあえなく敗れ、準優勝に終わって、念願のヨーロッパ旅行には行けませんでした。

この話には続きがあって、その頃はテレビに出る時には会社に届けなければいけなかったらしく、私の妻も同じ会社でしたので全国放送されたことにより社内の多くの人たちから広報部に問い合わせがあったようでした。そしてきつくお叱りを受けた記憶があります。

アメリカの人たちの音楽好きも私以上でした。会社の中では音楽を流すことを許されていましたし、現場や倉庫へ入るとジャズやオールディーズが流れていたり、彼らはそれで気分転換したり、それで集中したりと様々に楽しんでいました。

私がいた時には、クリスマスになるとパートナーを帯同するクリスマスパーティを毎年開催していて、それが従業員が自分の会社やボスを紹介できるビッグイベントでした。皆その日は普段の姿とは想像もできないほど着飾って、ホテルなどのパーティ会場に参上します。

アメリカのパーティは間違いなく音楽がついています。時には生バンドが、時にはディスクジョッキーがパーティを盛り上げるサウンドを奏でます。そしてその音楽に合わせて皆踊りだすのが定番です。

音楽好きに踊り好きな人たちの間で、我々日本人は引っ込み思案ですから最初のうちは全く踊らずに見ているだけが多かったのです。次第に盛り上がってくると、さすがの日本人も何度も誘われて踊りだすのですが、参加者から見たら不思議に思えたのではないかと思います。

そんな音楽は定年になっても新しい楽器を覚えたくて、昨年挑戦したのです。ギターの経験があったので和楽器の弦楽器はやりやすいかと、最初は津軽三味線を考えたのですが、バチの使い方にかなりの経験が必要ではないかと感じて、同じ三本の弦楽器である沖縄三線を選び、音楽教室に通い始めました。

最初は一〇カ月のコースで目標は五曲できるようになりたいと先生にお願いして始めたのですが、三線に慣れてきたのか二カ月で課題の五曲が終わってしまい、それからは沖縄民謡に片っ端から挑戦し、四〇曲以上を弾けるようになりました。

ただし、沖縄民謡定番である歌いながら弾くというのが上手くできずに、そこはまだ練習中です。新しいことに挑戦することの楽しみを、またまた感じた一〇カ月でした。そして年齢に関係なくまだまだやりたいことがたくさんある自分が楽しみです。

このように音楽も人間にとって年齢を越えて、主義主張を越えて、国を越えて楽しむことができる素晴らしいツールであると思います。いろいろな音楽の楽しみ方があるので、必ずしも奏でる、歌うことをしなくてもたくさんの楽しみ方があると思います。そしてこれがあなたの人生を豊かにしてくれることは間違いないと思っています。

57 スポーツは見るのもするのも楽しい

スポーツも音楽と同様に生きるためには大事な道具だと思っています。一二歳で始めたサッカーは四八歳までは自分でプレイをするという意味では現役でいましたし、埼玉県の鷲宮町（現在の久喜市）にいた時にはスポーツ少年団の指導員として、少年サッカーチームの監督やコーチをボランティアで行い、得るものがとても大きかった一〇年間でした。

サッカーはチームゲームですから試合で勝つためにはどのような練習をするべきか、そして個人の能力だけでは勝てないチームゲームを、相手チームの特性や自チームのメンバー選定などを通して勝つための戦略や作戦などを考えることは、まさに組織作り、企業戦略作り、チームマネジメントなどに大いに役立つ経験をしました。

サッカーも他のスポーツもそうですが、時にチームスポーツは自分がフィールドの中にいる時のコーチング、試合に出ていない時のコーチング、そして指導者になったことにコーチング、マネジメントとさまざまな楽しみ方ができますし、それらが仕事や働き方に大いにつながることがあるとわかってきました。今でもその時の経験がＩＴプロジェクトや勝負をかける仕事では大いに役立っています。

スポーツを見るのも応援するのも楽しくて、今は浦安にあるＪＦＬ所属のサッカーチームで私の友人である谷口さんが社長をしているブリオベッカ浦安のサポートをさせていただいており、ホームゲームは時間のある限り応援に行っています。

スタジアムでみるサッカーの試合は、選手たちの息遣いが間近で感じられて迫力があります。またテレビでは見られない組織プレイや二二人全体の動きが分かる楽しさは、スタジアムならではの楽しみ方です。

代表の試合は必ずと言って良いほどテレビ観戦をしていて、朝の早い時間でもこっそり起きだして代表のユニフォームを着て応援するぐらいの熱の入れようです。

サッカー以外でもあらゆるスポーツ観戦は好きで、特に日本人が海外で活躍する場面は思わず力が入ってしまいます。やはり日本人なのだなとつくづく思う瞬間です。

その他、自分でプレイしているスポーツはゴルフに一番多く時間を費やしています。もともと負けず嫌いであるのと、今までお話ししましたように体育会系で育ってきましたので、ゴルフを娯楽ととらえていないで、あくまでもスポーツとしてアスリート系ゴルフを目指しているのです。皆様もご存じの通りあまりにも奥が深く、メンタルにも影響され、なかなか上達しないのが実態です。

良い場合と悪い場合が極端なゲームが最近特に多くなってきていて、一体自分の実力はどこが本当なのだろうと毎回悩んでいます。

それでもゴルフの時は朝五時には起きて出かけていきますので、趣味としての楽しみ指数はかなり大きく、同じ年齢層のゴルフ仲間と月に一、二回、時には海外に合宿に行ったりするなどゴルフライフを満喫しています。

基本的にはカートに乗らずに歩くようにしていますので、健康維持にも役立ちますし緑の木々や芝生、美味しい空気の中で一日を過ごせることはこの上ない贅沢な時間です。

ゴルフは体力が落ちても楽しむことができますので、できる限り長く、そしてやるからには目標を持ってこれからも取り組みたいと思っています。

58 お洒落と清潔感を忘れない

普通の五〇代、六〇代ではなくて、輝いている五〇代、六〇代に見えるために、ここではお洒落の話をしたいと思います。

お洒落に気を使うといってもブランドのスーツに身を固め、高級腕時計やネクタイ、靴なども高級品、ヘアースタイルは表参道のカリスマ美容室で云々ということではなくて、だらしない格好はやめようということです。

色合いにしてもセンスにしてもちょっと家族に見てもらったり、お店の人に質問したりすればとても親切に教えてくれますし、値段の高低ではなくセンスや清潔感の問題になります。それであればすぐにでもできると思います。

たとえば靴の輝きがなくなってきたら、五〇〇〇円出して靴を磨いてもらうとか、底が減ってきたら新品を買う必要はなく靴底だけを三〇〇〇円で替えてもらうなど、ちょっとした工夫や気付きでお洒落に清潔感を出すことができます。

スーツにしてもそんなにたくさんの種類を持つ必要はありませんが、セミフォーマルでも使える色合いや少し明るい色合いを数着、冬用とオールシーズン用で持っていれば十分です。

もちろん町の紳士服量販店で十分なお洒落ができますので、高級店で一着買う費用で二着買えるってとても嬉しいことです。

目につくところは特に気を付けて下さい。女性は口に出して言いはしませんがよく見ています。爪の長さ、髭のそり残し、眉毛の乱れ、最悪は鼻毛が出ていたりしたら清潔感がゼロ点になってしまいます。

最近はノーネクタイの時期が長くなってきましたが、ネクタイなどもお洒落感を演出できる小物だと思います。柄もストライプ系、ペイズリー系、チェック系、色合いも明るい色から少しシックな色を用意しておけば十分でしょう。

これはスーツ、ネクタイと色合いを合わせる必要がありますので、雑誌やネットなどで時間のある時に基本の色の合わせ方だけでも覚えておけば問題なしです。

何度も言いますが、時間やお金をかけて下さいと言っているわけではありません。ちょっとした気遣いでこのお洒落や清潔感が演出されます。特に定年前の方々はすぐに反応のわかるギャラリーの多い環境にいるわけですから挑戦をしてみて下さい。

もうひとつ大事なこと、それは普段の姿勢です。歩くときに背筋を伸ばしているか、座る時にも背筋を伸ばしているかで、相手に与える印象が全く違います。背筋を伸ばした姿勢はとても爽やかに若さが溢れて見えます。

だらしない座り方やトボトボした下を向いているような歩き方は、せっかく素敵なスーツ姿や外見でもいただけません。立ち居ふるまいもお洒落、清潔感とそして若さの重要なポイントです。

これで外見のお洒落、清潔感はでき上がりましたが、最も大事なことは内面である心のお洒落、心の清潔感を忘れないことです。

今まで様々なお話をしてきましたが、この心の清潔感に勝るものはありません。信頼感を大事にし、誰からも愛され、いつも落ち着いている心を持っているとさらにお洒落にそして清潔に保つことができて、実に格好良い大人だと思います。

59 「No愚痴（野口）塾」基本は愚痴を言わない

いつの頃からか、若いスタッフの間で私と懇親会や食事会をする時に前向きの話をしたいという思いから、できる限り愚痴や悪口、批判的なことは言わないようにしようというルールができてきました。

定年の二年前ぐらいですが、事務所の中の組織が大きくなり、人も増えてきた時に、ある若いスタッフに他のグループの人たちと話す機会がなかなかないという話を聞きました。それで毎月最終金曜日に一八時から一時間、事務所内の役員室を使って意見交換会をしようということを決め、最初は反対も多くあったのですが、とにかくやっちゃえという感覚で始めさせました。金曜日の午後六時オープンの「No愚痴（野口）バー」の開業でした。

参加ルールがいくつかあり、参加費一〇〇円、仕事を片付けてから参加する、一時間で必ず終えるという条件でした。最初は少人数の参加でしたが、二回目以降はどんどん参加者が増えて役員室が一杯になり立ち飲みまで出る時もありました。

新入社員や部長たちも参加するようになり、私の狙いは部員同士の交流の場にしたかったのですが、若手から普段話せない他のグループの方々との交流ができるとの声が出始めて狙い通りでした。

幹事役を頼んでいた若手も「No愚痴バー」の開店が近づくと飲み物の仕入れに動き始めたり、参加者から食べ物のリクエストを聞いたりとその気になってきて、一五回程度は続いたと思うのですが、徐々に内容がレベルアップしていったのを覚えています。「開店中」といった看板を手作りで作ったり、イベントで撮った写真をスクリーンで見せたり、さらにマジックが得意な社員がマジックショーを行ったりと盛りだくさんの金曜日でした。

コミュニケーションの項でも書いたのですが、会社組織に限らず信頼関係を結び、相手をもっと知りたいと考える時には、たくさんの機会を作ることが第一歩になると思っています。そのためには自分で動くことが大事で、この「No愚痴バー」も私自身が動いて、考えて始めましたので、ほぼ狙い通りの成果を上げることができました。

特に企業内の置かれている地位によっては、周りの部下に指示をして機会を作り、動きだすことも多いかもしれませんが、発案者自身が動いて企画して参加して楽しむことが最も重要です。

それで機会を与えられた参加者が楽しみ、参考にして今後は自分で機会を作るために動き始めるというスパイラルが生まれてくるのです。決して偉いからという理由で見ているだけでは人は集まってきません。

現在の生活でもこの「No愚痴バー」は続いていて、最近は国内の出張先や海外でも「No愚痴塾」として懇親会を数多く開催しています。もちろん、自分で動いて私からお誘いをして幹事は私が行い、参加する人のリクエストを聞いてお店を予約し開催しています。

これがまた楽しくて新しい出会いもたくさんいただいています。ここでも基本ルールはひとつで「愚痴は言わない」です。

皆様もこのようなコミュニティを作ることをお勧めします。四〇代、五〇代の方でもすぐに作れると思います。今までにお話したような話題や、読者の皆様の思いを伝える場です。社内外問わず、すばらしい人間関係、情報支援が定年後のあなたのベースになります。

60 人生は自分で切り開いて思い切って楽しむ

いろいろとお話してきましたが、働くことや遊ぶこと、しかもそれらを楽しくするために意識すること、具体的に考えて行動することなどが皆様の参考になれば筆者としてとても嬉しい限りです。

ただし、これらのことを筆者だからできたということは一つもありません。どなたでも今の年齢、職業で輝くことができるし、そして定年後さらに楽しい人生へのステップを始められるのです。

これらのことを知って実践しているかがとても大きなトリガー（引き金）になるのです。どなたにも潜在的にできることばかりですが、それに気が付かない方、気が付いてもやらない方がとても多いのです。もっと楽しく生きることができるのにそれをやらないのはもったいないとしか言いようがありません。

人は生まれた時から人生が始まるのですが、だれもが楽しい人生を送りたいと思っています。そのためには何らかの努力をしなければなりません。人生が楽しくないと思っている人は自分でできることはすべて試したのでしょうか？　まだ何かやれることがあるのではないでしょうか。

努力もしないで人生を楽しもうと思っても、それは無理です。どうせ生まれてきたからには、一回しかない人生を自分で切り開いて思い切って楽しく生きてみませんか。

読者の皆様が楽しく生きることで周りの人も必ず楽しくなります。家族も同僚も仲間もです。ですからとにかく楽しく生きるために何ができるかをじっくり考えてみて下さい。そしてできるものから始めて下さい。

そうすれば楽しい人生がどんどん近づいてくると思います。

六三歳で起業、ギターもオーディオも玄人はだし。過去に会った人の情報を山のように書くのが無類の楽しみ　N・Wさん

N・Wさんは、現在六九歳、とにかく考え方が若く行動力は驚くほどです。私が目指している定年後の生き方をすでに実践されていた方です。

現在はご自分の仕事をしながら一社の社外取締役と七社の顧問をされている方で、IT企業のご出身なのですが人間的なことがとてもお好きなようで、加えて現場がとても好きな方です。

大手IT会社の営業部門で敏腕をふるって、その後、関係会社副社長をされ六三歳でご自分の仕事を始められました。ご出身のIT会社への恩返しとして、新しい技術やソリューションを持っている企業や個人と、ご出身の会社を引き合わせる仕事を中心に活動をされています。

現役時代の彼は、トップ営業マンとして大きな仕事を着々と積み重ね、将来を約束される立場まで行かれたものの、役職が上になるにつれて、お客様へのご挨拶や時には謝罪、また社内調整や多くの会議などで自分の仕事ができないほどに時間が足りな

くなってしまったのです。そうなると自分を若い時から育ててくれた営業の現場から遠くなる感覚が出てきて、ご自分で六三歳の時に現在のフリーランスとして起業し、活動を始められました。

音楽がとても好きで、以前は元アリスの谷村新司さんとアリスを結成する前に関西で有名なフォークサークルで一緒に演奏や歌っていたという音楽家で、今でもギターを八本ほどもお持ちだそうです。

最後に買われたご自慢のギターはマーチンD-45という代物の素晴らしい音色のギターで、今でもご自宅にお客様を呼ばれた時には、七〇年代のアメリカンフォークを歌われたり、ビートルズなどをアレンジして歌われたりしている本格的なミュージシャンです。

なんとそれらはユーチューブにもアップされていて、何度か拝聴しましたが、とても素晴らしいのです。もはや趣味が本格化しすぎて脱帽です。

またオーディオの趣味もずば抜けていて、今でも二〇畳程度の部屋にオリジナルは四〇年前にご自分で製作したＪＢＬをベースとしたステレオで良い音を楽しんでいる

のです。

このステレオはご自分で設計し、設計図を専門雑誌に載せた所、あまりの出来に日本全国からこのパーツがあるなどの連絡が来て、今ではアップグレードを重ねて他には例のないステレオになっているそうです。


仕事の仕方や情報整理の仕方もずば抜けていて、手帳には過去に一緒に仕事をした人やお会いした人の情報が山のように書き込まれていて、本人曰く手帳にその人の情報を記入することが無類の楽しみのようです。

決してパソコンやスマホの電話帳などで管理しているわけではなく、手書きでその人を思い浮かべながら描くことが彼にとってもとてつもなく重要なことのようです。

またフットワークが軽いのも驚くほどで、お会いしたいと面談の申し込みをこちらからしているにもかかわらず、私の事務所まですぐに駆けつけてきてくれる行動力は見習うところがとても多いのです。

一度きりの人生で人が知り合いになれるのは、ほんの一握りの人達であるわけです。これはとても貴重な縁であり、その人たちのことを自分自身で書き留めておくことはとても重要なことだと話されています。

確かにそのとおりであるのですが、なかなか実際にはできることではなく、そのことひとつ取ってもN・Wさんのずば抜けた行動様式や考え方を表していると感じました。

「まだまだやりたいことがたくさんあるのです」と師走の街に消えていったN・Wさんの後姿を見送りつつ、なんと凄い人がいるのであろうと自分の生き方と照らし合わせ、強烈な刺激をいただきました。

第七章

定年後に心の平安を

61 じっとしていないで動くこと

実際に定年になってしまってから「これからどうしよう」と考えていると、毎日がどうしても不安になり、自分の生きている価値やこれから二〇～二五年をどのように過ごしていくかがとても心配になってきます。

定年後に心の平安を持つことができるには、充実した毎日を過ごすことにつきます。心の平安とは決してどこにも行かずに何もせずに、ただ一日だらしなく過ごすことではありません。何かを求めて動いている時こそ心の平安が生まれてくるのです。従って、定年になる前にこれらのことを理解して準備を始めることをお勧めしています。

心を平安に保つにはじっとしていることではなく動くことなのですが、やはり自分を必要としている人をたくさん作ることで自分の動く範囲を広くしていくことがお勧めです。自分の行動範囲が広がれば、その分自分を必要としている人のネットワークが広がりますから、さらに充実して生きていることが楽しくなってきます。

自分と関わりのある人たちは、それがご家族であっても、お客様であっても、新しい友人であっても、古くからの仲間であっても自分の動きがその人たちに良い影響を与えたり、良い情報を与えたり、良い成果や気持ちを与えられることがまさに心の平安を生むのです。

そのためには、今までのことを一からやり直すくらいの覚悟が必要です。今までの自分の仕事、生活、考え方も含めて一度見直して、再構築することになります。そこには以前の肩書などは必要なくなりますし、むしろあると邪魔になってきます。

よく定年後の名刺に元XXX株式会社社長とか役員などと書いている人を見かけます。わざわざ元職の肩書を名乗って何になるのか、とても疑問に思っています。時には、紹介をされる際に元職の肩書を言われることもありますが、それはあくまでも紹介のシーンだけで、それによって相手のその後の態度が変わることはあまりないでしょう。

これからの自分の人生は新しく始まる自分の肩書で動き、今までの偉い人ではなくて何も実績のない普通のおじさんからもう一度やり直すことができる絶好の機会なのです。それを元職の肩書で台無しにするなどもったいないとしか言いようがありません。

勝負は、これからです。まず裸になって作り直しましょう。

62 生きるお金は積極的に使うこと

お金の使い方はどうあるべきかを少し話したいと思います。私は以前から生きるお金は積極的に使うべきだと思って使ってきました。使ったお金が全部生きたかというと決してそのようなことはないのですが、少なくとも使わないよりは使った方が良いと思っていました。

組織の中にいると、たとえ少ないお金であっても会社のお金ですから、手続きがとても面倒で、時間もかかりとても大変な思いをしたことがあります。これはどの会社でも同じで、特に大きな投資に関してはどのように投資対効果が出て、回収できるのかが明確にならなければなりませんし、金額の大小はあっても同じことが言えます。

それでも中には身銭を切って、このために使いたいということもありましたので、実際にできる範囲で行っていました。これは自分への投資と言っても良い行為なのですが、そこで使ったお金は間違いなく定年になった現在、私に一〇倍以上になって戻ってきています。

もう少し具体的にお話すると二つありました。

ひとつは外部研修や有料セミナーです。これは最新の経営手法であるとか、マネジメント手法を学び、自分の職場で使いたいと思ってもそれぞれの部に割り当てられた予算がありますので、なかなか全部には参加できないものでした。

特に最近の技術に関する研修やレベルの高い研修は半日で数万円のものもありますので、これは自分への投資の意味で自分の費用で支払いを行っていました。これもお金を生かす使い方だと思っています。

もうひとつは若手との飲み会の費用を自分のお金で賄っていたことです。これは前の項で書いた「No愚痴塾＝野口塾」という形で未だに続いています。

特に若い人たちと催す会合は、基本的に私の食べたいものを私の選んだお店で実施するという条件付きで開催しており、シンガポール、香港、ロスアンゼルス、北九州、大阪、名古屋など海外も含めた各地で開催し、縁のある皆様が集まってくれています。

そこでは情報交換ももちろんあるのですが、世の中をどうしたら良いか、どんなビジネスが面白いか、今社会ではこんな問題点があるとか、とにかく様々な話で盛り上がりますので、いつも大変な刺激を受けて帰ってきます。

これがさらに若さを保ち、次のやるべきことを生み、充実する時間を作ってくれる源泉になっていきます。まさに生きるためのお金の使い方だと思っています。

今は会社の経費として処理ができるので、自分の会社にとっても生きているお金の使い方になっています。

また、私に対して時間を作ってくれたり、情報をくれたり、どなたかを紹介してくれるというように、何か私のために自分の時間や知見を与えてくれた人には、必ずお礼として銀座のちょっとしたお菓子を持っていくようにしています。

これはいつもいつもではありませんが、一区切りついた時や盆暮れにかかる時などは、お世話になったお返しの意味も含めて実行しています。少しでも私の気持ちの表れと感じていただければと思ってお持ちしています。

個人的な投資は運用として少しはしていますが、それで儲けようとは全く思っていませんし、ギャンブルについても、私はお金が生きるとはとても思いませんので一切しません。宝くじも買いませんが、当たらなくても夢はたくさん持つことができています。

ぜひ、皆様も生きるお金の使い方を実践してください。

63 ハードルを越えてみると新しい世界が待っている

友人に聞くと定年後にはたくさんのハードルが周りに表れてくるようです。私はあまり感じていないのですが、友人曰く、まず若い人たちの中に入れない、というハードルは、話が合わないのではないかと思ってしまっているので抵抗があるようです。

次に自分から動かないというハードルは、今までは何でも秘書がやったり、部下が段取りや設定もしてくれていたので自分で調べたり、自分で動く癖がなく、どのようにしていいかわからないハードル。

そして自分の家でいつもジャージを着て、サンダルを履いていて外出をすることは着替えることとさえ面倒くさくなるハードルなどなど。

これらのハードルをどのように超えるのか？

第一に絶対に言ってほしくない言葉は、「それはそうなんだけれど」という言葉です。

このネガティブワードのあとには「だからハードルを越えない」という否定形が必ずついてきます。

たとえば、もっと用事を作って外にでることを勧めても、「それはそうなのだけれど、着ていくものが無いのだよね」、もっと積極的に若い人との会話をすることを勧めても「それはそうなのだけれど、話が合わないのです」などの言い訳センテンスが必ず付いてくるのです。まずこのセンテンスは言わないように心がけましょう。


第二は、今までの自分では考えられなかった行動をとって下さい。だからと言って当たり前ですが、法を犯すような行動は絶対に慎んで下さい。そうではなくて、今までの行動とは違う行動パターンをいろいろ試してみるのです。

このことは前にも書いたのですが、今思うとそのハードル越えが様々なつながりを生み、この本を書くことにつながってきていますので、再度お話しいたします。

私の場合は、定年後起業して一年経った時に、セミナー講師の仕事を既にしていてそれなりのお仕事はいただいていたのですが、何か違う講師術を学びたくなり、今もお世話になっている大谷由里子さんの書いた『初めて講師を頼まれたら読む本』を書店で買い求めて読んでみたのです。

ここまでは今までの自分の行動パターンです。ところがそこからが自分でハードルを越えるきっかけになった行為なのですが、その中に「一日講師塾」の案内が入っていて、面白そうなので受講してみることにしたのです。

従来は本を読んで参考にして終わりだったのですが、その時はぜひとも別の世界に飛び込んでみようと思い立ったのでした。

ちょっとした思い付きや気持ちの切り替えをすることで、自分で作ってしまっている自分の周りにあるハードルを越えてみると、そこには経験したことのない楽しい世界が待っているかもしれません。

64 定年後にはどんどん人と話すこと

私は定年になったら特に人と話すこと、人前で話すことを強く勧めています。

定年になると自分の時間をたくさん持てますので、ついつい自分の時間として読書や家庭菜園などに走ってしまいがちですが、人と話す時間は大事にしてほしいのです。

私もこれは意識して人に話しかけたり、関係する人と話したり、もちろん商売柄人前で話すこともたくさんあるのですが、それでも意識して多くしています。


人と話すことによってたくさんの気付きやたくさんの情報、刺激をもらうことがありますし、こちらから同じように相手に渡っている感覚や情報もあり、これが良いのです。

定年になり今までは会社の中で毎日嫌というほど話をしていた人がパタッと話すことをやめてしまうと、とても不安な心持になるようです。会話がなくなると生きている実感がなくなってしまうのではないかと思えます。

私の定年後二カ月間はハローワークに通っていてほとんど家族以外と話すことはなかったのですが、あまりの違いに少々不安になってきたこともありました。

そのような時でも、レストランに行きスタッフの人に料理の質問をしたり、居酒屋へ行けばこれまたスタッフや店長と仲良くなり、その日の裏のメニューなどで盛り上がったり、とにかく話すことを意識していました。

私の場合にはそうしていないと会話のリズムとか、突っ込みのタイミングとか、駄洒落のレパートリーなどの力が落ちてくるのではないかと不安になっていました。


話すことが苦手な人でも、少しずつでも良いので人と話すことを心がけて下さい。人と話すことでその人に何を伝えたいのか、その人から何を聞きたいのか、何を話せばその人が喜ぶのか、良い気持ちになるかが分かります。

逆に気に入らない話題は何かなどを自分自身で考えますので、話をする時には頭をフル回転しなくてはなりませんから、とても良い訓練になります。

そして人に話したことでコミットメントしたことにして、自分自身で実行に繋げるという良い行動に移ることもあります。

最近は、とにかく人と話さないことが社会現象になってきているように感じます。コンビニエンスストアでも、イヤホンを耳に入れたままで商品をレジに並べ、お金かカードで支払い、一言もしゃべらずにお店から出てくる光景をよく目にします。

また電車の中でも奥から人をかき分けながら降りる時にも、耳にはイヤホン、目はスマホを見ていて、出口に向かって「すみません」とも何も言わずに、人を押しどけながら出てくる光景もほぼ毎日目にします。これはいささか極端かもしれませんが、人と話すことを敬遠する若い人達もたくさんいるようです。何ともったいない。

会社の中でも対立を好まないのか話すのが嫌なのか、違う意見を持っていても発言しない人が多いようです。これは若い年代ばかりではなく、中間層もそうなってきているようです。

会社の中で良い議論をしてあるべき姿を見出すなどと言う手法が徐々に無くなってくるとすると、日本の企業の将来はますます厳しい状況に陥り、グローバルでは全く役に立たない人間ばかりが増えてしまう恐れがあります。

これは何としても避けないといけないと思いますので、若い人には、いろいろな所で盛んに「話す」ことについての素晴らしさを訴えているところです。

65 定年後には自分の棚卸をしよう

定年になってから自分自身の棚卸をよくするようにしています。これは自分自身が商品となって仕事をしているわけですから、自分の弱い所、もっと自分を磨く所や自分の良い所を探すことを常に心がけておく必要があるからです。

今考えるには、できれば定年前からこの自分棚卸作業をしておくことによって、定年後はあまりバタバタせずに起業への準備ができたかもしれません。

自分自身の棚卸とはいったいどんなことをするのかというと、まずは自分が歩んできた人生で楽しかったこと、悔しかったこと、辛かったことなどの経験や自分自身の感じたことをまとめます。

それらの経験から今の自分の考え方や生き方ができてきたことを振り返り、次に自分のどこを改善したら進化する可能性があるのかを、それらの経験を検証材料にしながら考えていきます。これによって今まで自分が作られてきた過程を若干修正することにより、今の自分がどのように進化できるのかを検討することになります。
最後は、棚卸で出てきた自分進化の可能性を自分自身の幅を広げるために挑戦してみることになります。すべてに挑戦することは難しいので、一年ごとに挑戦するものを決めて、挑んでみましょう。

さらに引き出しが多くなり、入れる場所も多くなると入る情報も出す情報も多くなります。そしてそこからまた縁が生まれ、新しいネットワークが広がっていきます。こうなるといつもの良いスパイラルがさらに増えることになりますので、定年後の輝きがどんどん増すことになります。

そして加えるならば、時には自分の棚がもう一杯なのではないかと思ったら、友人や知人に話して他の人から見た自分自身の棚卸をしてみるのもお勧めです。不思議なことに自分では気が付かない自分の引き出しがあることに気が付きます。
相手から見た時の自分がどのように映り、どのようにとらえられるかは、先ほどの自分進化へのとても良いヒントになります。

66 定年後には今まで以上に周りに気を使おう

定年後になり年齢を重ねると、今まで以上に意識したいことは色々なことに気を遣うことです。周りの関りのある人への言葉遣いや感謝の気持ち、以前の会社への恩返しや世の中への奉仕の精神などは、年を取ればとるほど表したいものです。

先日、ベトナムのホーチミンへ出張時に飛行機のビジネスクラスで見かけた光景です。そのお客様は年齢六五～六八歳くらい、仕事でベトナムへ出張される様子でした。一番前に座っていらしたのですが、少し航空機内の空調が涼しく毛布を欲しい旨、担当のCAに頼んであったようです。しかし、食事時であったためか、あるいは別の理由かは不明ですが、お持ちするのに少し時間がかかってしまいました。

そのお客様は大変な怒りようで、CAに向かって非常にきつい言葉で叱りつける展開になってしまいました。チーフCAがお詫びにきて何とか収まったのですが、そのお客様の態度や言葉遣いに同じ年齢層としてとても不快なものを感じました。

このようなクレームの時であったとしても、気を使い静かにお話しすることもできますし、他のお客様にも気を使うべきだと思いました。

何が一番不快だったかというと、お客という立場はCAよりも上であるといった強い気持ちが感じられたからでした。

年をとれば「生かされている」という感謝の気持ちを持ち、上からの視点での言葉使いはやめて、一人のジェントルマンとして対応してほしいと思いました。

周りには日本人以外のお客様もたくさんいましたが、彼がなぜそんなに怒っているのか、周りの乗客はよく呑み込めない状況であったようです。

ちょっとした気の使い方ができないと他の人に迷惑をかけてしまう話ですが、自分の身の周りにもたくさん起こりうることです。定年後は今までの頑固な上司から素敵な紳士に変わる大きなチャンスです。

そのためには自分で意識して紳士的な行動や言動を忘れないようにすると、周りに笑顔が溢れてきます。

67 定年後は聞き上手になろう

コミュニケーションセミナーなどでよくお話するのですが、相手の心に響くコミュニケーションを取るためにはまず聞き上手になることなのです。それは相手が何を聞きたがっているのか、どのような話であれば心まで届くのかをリサーチしておくことが大事であるということで話をしています。

聞き上手になることは、相手が話しやすい状況を作ってあげて、その上でじっくり話を聞いてあげることになります。

定年を過ぎているからこそ、じっくり話を聞いてあげることができると思っています。ところが定年後で普段自分が喋る機会が減ってしまうことが多いので、後輩などが相談に来てもついつい自分の話に夢中になってしまい、相手の話を聞かない人がたくさんいるのです。

これでは人は集まってきません。むしろそのような対応をしていると人は二度と相談に来なくなるでしょう。聞き上手は少々難しいのは事実です。

私の会社勤めの時には、まずはできる限り話を聞いてから自分の意見を言うように努力をしてきたのですが、報告でまとまりの無い説明などは途中で遮って話を中断させ、自分の経験談をついつい話し始めたりしていました。

これでは報告に来たスタッフも困惑してしまい、躊躇する状況を私が作ってしまっていたのだと思います。できる限り話を聞くことは訓練によりできるようになります。

私の場合には決められた時間、たとえば一分や三分間で相手に話してもらい、その間自分は心から聞いているという相槌を打ち、相手を話しやすくさせる訓練を受けてとても効果がありました。

定年後に始めた職業がコンサルティング会社ですので、この職業のもっとも大事なことはまず相手の話を聞くことです。仕事の始まりはとにかくクライアントの話を十分に聞き、自分のコンサルがお客様のニーズに合うのかどうかを見極めることから始めますので、できる限りすべての課題を話していただくことが仕事の成否に関わってきます。

仕事に限らず、個人的な相談や後輩からの助言を求められる場面などはたくさんあると思います。そのような場面ではしっかり聞いてあげることが相手にとって何よりの安心感、気持ち良さにつながり話しやすい環境を創り上げることになります。

ひょっとしましたら、相談相手は自分の心をさらけ出して話すことだけで目的が達成されてしまうかもしれません。

先日お会いした方は私より五歳以上年上で七〇歳を超えていらっしゃる方でしたが、謙虚さがなく、ご自分の自慢話にどうしても行ってしまう傾向にあり、辟易しました。

人生の先輩とお話しする機会を得た時には、その方から何かを吸収しようという気になるのですが、その方からは得るものがありませんでした。とにかくこちらの話はほとんど聞かず、自分の自慢話が中心で、しかも過去の栄光を話されるので、いささかうんざりしてしまいました。

話をすることはとても良いことなのですが、あまり自分のことばかりを話しすぎるのは相手を引かせてしまう最大のマイナスになります。

68 定年後には自分流という得意技を作ること

定年後に新しく自分の売り出し用のキャッチコピーで「野口流」というのを盛んに使用しています。

たとえば、セミナーのもっとも大事な決めワードやフレーズ、手法などは野口流というようにしています。別に特許を取っているわけでもありませんが、自分で考え、実践経験し、総括して行けると思ったものについては、ためらわずに野口流と付けています。

私の場合のセミナー、講演は基本的にすべて私の経験をベースにお話ししているので、中にはずっと以前からたまたま同じ手法や考え方で実践し、発表されている方もいるのかもしれませんが、あくまでも野口流として説明をしています。

まず、自分の得意技をお持ちになることを強くお勧めします。

特に定年後にご自分が今までに経験をされた分野で何らかの活動をする方には、ホームページの紹介文などに自分の得意技を入れておくことが検索ワードとなり、ヒットする確率も高くなります。

また、まずひとつの得意技が必ず次の得意技を生みますので、ひとつしかないなどとしり込みをせずに、それだけでも積極的にアピールをしていただきたいと思います。

もし得意技が自分でお分かりにならなければ、自分の棚卸（前述）をしてみて下さい。必ず見つかるはずです。

なぜ言い切れるかというとあなたには組織の中で長い間培ってきた経験があるからです。

私の場合には、最初のセミナーや講演はプロジェクトマネジメントの話だけでした。最初の二年間はほとんどがこの得意技で勝負をしていました。

それから派生して、リーダー研修や役員研修などのリーダーマネジメントの得意技、またまたそこから派生、特化してストレスコントロールやコミュニケーションマネジメントなどの個別の得意技なども増えてきて、お声がけもたくさんいただくようになりました。

これもまだどん欲に行きたいと思っていますので、一年に二つ程度の新しい得意技を増やしていきたいと思っています。

そして得意技も常に磨きをかけておかないと使い物にならなくなる可能性がありますので、得意技を持っているだけではなく、今の社会、時代でも十分に通用するための得意技のアップグレードをお願いします。

基本となる部分は何時の時代でも変わらないと思いますので、その基本の上に載せるオプションを常に新しくしておく、あるいは進化させておくことになります。これもまた自分の知恵を使った素晴らしく、楽しい時間になります。

知恵を絞って、絞って出てくる回答は、かなり説得力のある、そして相手も心を動かす得意技に生まれ変わり、あなたの活動の必殺技に変わることとなるでしょう。

69 定年後は周りにあるチャンスを逃さない

定年後にチャンスなど訪れないだろうと否定的に考えている方に、ぜひとも声を大にしてお話したいのは、チャンスは周りにとても多く存在しているということです。

それをチャンスと見るか、ただの情報と見るかはすべて受け取る側の問題になります。

どんなことでもチャンスにならないかと考えてみることが重要です。ところが家にじっとしていたのでは可能性にすら当たることはできません。そこで盛んに家を出る、人に会う、興味を示す、さらに動くといったことをお話してきました。

年齢に関係なく自分たちの周りにはチャンスがあります。このチャンスを自分の価値向上につなげる必要があります。

もちろんビジネスにもつながることもありますが、何でもお金になると考えてしまうと殺伐としてきますので、「できれば」とか「上手く行けば」程度に考えておいて、ここだという時にそのカードを使うようにしても面白いと思います。

二つや三つ先のつながりに自分のビジネスがあればそれで大成功というぐらいで考えていた方が、何でも仕事に繋げたがる人よりは受け入れてもらえると思います。

自分の活動範囲を広げればその分、チャンスを得ることが増えていきます。たとえばソーシャルネットワーク（ＳＮＳ）などの活用もチャンスを得る、チャンスをつなげるひとつのツールになると思います。

フェイスブックの利用はとても気楽で、かつ基本的には本名での登録ですので、ビジネスツールとしても、ネットワーク管理ツールとしてもとても威力を発揮すると思います。

今は、企業のホームページもフェイスブックで行っている企業もたくさんありますし、プライベートよりも少しビジネスに関連する情報に限定して投稿している人もいます。

使い方はユーザー自身が決めることになりますが、ソーシャルネットワークですから投稿した文書や写真は個人の利活用ではなく、衆人監視の中の情報になりますので、その覚悟と責任を持って投稿するようにして下さい。そこさえ注意すれば、これほど便利なツールはないと思っています。

今回私が本を出版するという話も、ひょんなことから出版セミナーに出席したことによりチャンスが回ってきて「あれよあれよ」という間に原稿を書き始めていたという速さでした。

最初はできたら良い程度に考えていたことが、ひとつのチャンスから連鎖的にチャンスが生まれたことになり、最初のチャンスを掴んだ結果だったと思います。

チャンスは必ず定年後のあなたの周りにありますので、見つけたらまず掴むことです。

70 定年後は人と人の連鎖反応と化学反応を起こそう

年を重ねてきたせいなのか、はたまた定年を迎えたせいなのかは分からないのですが、「人の力」を年々意識するようになってきました。

もともと会社の中では情報システム（ＩＴ）の責任者を長い間務めてきたので、たとえば省力化であるとか省人化のように、人の仕事をシステムに置き換える施策や方針を実施してきた関係で、あまり「人の力」を意識してはいなかったのですが、最近はとても不思議に思い、魅力を感じています。

周りに山のようにいる人々や自分の知人を冷静に見ていると、互いに反応しているのがよくわかり、とても興味がわいてきます。

具体的でかつ単純な話ですが、たとえばある方を紹介されたとしますと、紹介していただいたその方がとても尊敬できる素晴らしい人だと必ず誰かに紹介したくなりませんか？これを私は人の連鎖反応と呼んでいます。条件は「良い人」だったり、「人に紹介したくなる人」でないと反応が生まれないところです。

良い人というと少々広義になってしまいますので、もう少し具体的には「幸せを分けてくれそうな人」、「一緒にいると元気になる人」でも良いのです。このような人は必ず本能で連鎖反応が起きて誰かに会わせたくなるものです。この力は不思議です。

そしてもうひとつは人間の「化学反応」です。本来は科学用語で一つ以上の化学物質を別の一つ以上の化学物質へ変化させることや過程を言うのですが、カール・ユング（一八七五〜一九六一　心理学者）も「二つの人格の出会いは化学物質の接触のようなもので、何らかの反応があれば物質が変化することになる」と言っています。

私はこの人間同士を化学反応させる人間になりたいと思っています。新しい人と繋がりを持ち、あるいは一緒に仕事をすることによって、相手の人が、時には自分が化学反応を起こして、今までのその人の持っている実力や別の良い面を出すことができるようにしたいと思っています。

たとえば、その人とある仕事をすると不思議に仕事が楽しくできて、良い成果が出る。

決してその人が何でも手を動かしているのではなく、自分自身が手を動かしているにもかかわらず成果や結果が違ってくる。

少し嫌なことがあってもこの人と一緒に食事をしたり、お酒を飲んだりするとなぜか自分が元気になってくる。これはまさに人間の化学反応だと思います。

過去にもそのような経験をしたこともありますし、知人の中でも何人かは心当たりもある人もいます。

「人間の化学反応を起こす人」このフレーズは自己紹介などでも使えるかもしれません。しかも既に定年後の黄金期に化学反応を起こしながら様々な活動をしていくイメージはまた新たな目標になるのではないでしょうか。

71 定年後は「できません」と言える勇気を持とう

定年後に仕事を始めると楽しくて、ついつい来る仕事をすべて請け負ってしまうことがあります。仕事内容にもよりますが、キャパオーバーになった時の回避策を持っていないと大変なことになってしまいます。

組織の中にいれば組織内で多少の助力を得ることも可能でしょうが、私のように一人企業となるとなかなか厳しい状況が待っています。

講演会やセミナーが重なってしまう場合には、日程の調整などをお願いしてご期待に沿う方向で考えてはいるのですが、コンサルティング業務やプロジェクト支援業務の場合での掛け持ちはとてもリスクが付きまといます。

お客様はとても困っておられるのでコンサルティングを頼むわけですから、すぐに契約をしたいとお話されるのです。しかしながら、別のコンサルティング案件を持っている時には関わり方にもよりますが、基本的にはお断りしているのが実情です。

常勤のコンサルティングでなければ何とかこなすこともできるのですが、案件に集中して良い成果を出すタイプなのでお断りしています。

従って、少し先までお待ち願うことをお伝えすると仕事を失うことになります。でもそれで良いと思っています。理由はそこで無理をすることによって、必ずどこかに歪みがでることは今までの会社員時代からの経験で嫌というほど味わっていますので、定年後には決して無理はしないようにしています。

それがお客様のためでもあるし、自分のため、家族のためでもあります。

ただし、最初の頃はこの「できません」とお断りすることが申し訳なく、情けなく感じていたのは事実です。スタッフがあと二人いれば絶対にお手伝いできたのにと何度思ったことかわかりません。

それでも前述したように報酬ありきで活動をしているわけではないので、自分の信用さえ落とさなければお客様をお断りせざるを得ない状況を説明して、次の機会にお声がけをいただくか、別の形でご支援やお手伝いができないかを考えるようにしています。

現役の営業部長であれば、きた仕事をお断りするなどは考えられないかもしれません。また、知人の紹介を頼まれても紹介した後のイメージが良いものでなければお断りしています。お断りの仕方は難しい場合もあるのですが、できる限りお互いに嫌な思いをしないように気を使っています。

これも自分自身の信用や信頼関係を脅かすような案件にはできる限り「できません」と言うことにしています。

⑦②定年後は特別に生かされているという気持ちで

定年を過ぎると周りで友人たちの訃報が届いたりすることがあります。これから先は年々この残念な情報が多くなってくる年代になってきます。

できれば自分の身には起こらないで欲しいと願っても、これは避けられようがない現実です。人によって多少の違いはありますが、これから一〇〇年生きられる人はいないでしょう。

すべての定年を迎えた方々は、当たり前ですが、この世に生まれ六〇年あるいはそれ以上生きてこられたのです。ここからは「生かされている」と思うのはいかがでしょうか？

私は四〇代、五〇代では一切そのようには思いませんでした。六〇歳になると不整脈を二回、海外で立て続けに発症し、必死の思いで帰国して治療を受け事なきを得ました。それからは「生かされている」と、とても強く思うようになりました。

人が生きているという思いではなく、生かされているという思いによって、自分の存在を多くの人に伝えて、ほんの少しでも人のためや世の中、社会のために役立たせたいと、とても強く考えるようになりました。

別に有名になりたいなどというものではなく、自分の身の周りの人、仕事関係でお付き合いのある人、知り合いになった人からでも自分ができることは何なのかを真剣に考えて動くようにしています。

時にはそれがビジネスにつながる場合もありますが、あくまでも世のため、人のために動くことを最優先で考えて結果的に報酬につながるという順番で決めていきます。

これから先もさらに一年一年を生かされているという意識がどんどん強くなってくるとも思いますので、一日を決して無駄に過ごさないように言い聞かせながら生活をしていこうと思っています。

できることを積極的に、自分自身の結論の先延ばしはできる限り避けなければなりません。と言っても、いい加減な生き方や仕事はもっと後悔を生むと思っています。

この生かされているという感覚は、良い意味で緊張感を持つこともできますし、もう少しお願いしますという慈愛の精神にもつながると思っています。

高齢化社会といわれ、平均寿命は男女とも年々伸び続けています。とはいえ事故も含めて身の周りでも亡くなる方はいるわけですから、今自分がこの世にあることは当たり前に有難い話なのです。

この有難いことは間違いなく「お陰様」によるものだと思います。「こいつはもう少し生かしておこう」という働きがどこかで起こっているのだと思います。

一日一日が有難いことなのです。

五七歳で早期退職の道を選び、外資系の営業部長に。二年後に目標としていた起業への決断。「楽しくて、楽しくて」の毎日　T・Yさん

昨日、ランチミーティングをしたT・Yさんは、約五カ月前に会った時に比べてとても爽やかで清々しい笑顔を見せてくれました。これは決断に至ったなといろいろ聞いてみると、二〇一八年から新たな道へ自分を挑戦させるべく決めたとのことでした。

T・Yさんは外資系IT会社に勤める五九歳の営業マンです。もともと彼は日本の大手IT会社にて営業畑を三四年間勤務して、役職定年を機にさらに自分のやりたい営業の姿を求めて外資系に転職した方です。

その二、三年前から仕事の関係で知り合っていたのですが、私が起業した後に私の生き方にとても興味を持っていただき、定期的に情報交換会と称して飲み会をしていた仲でした。

その情報交換会では、私が起業に踏み切った理由や仕事の中身、そして経済的なことや税理士の紹介に至るまで様々な形でアドバイスというよりも私の経験談をお話し

し、ご自分で考えていただく形をとりました。

その頃、彼は役職定年を前にして関連会社の役員としてその企業組織内に残るか、自分で会社を始めるか、あるいは別の会社に転職するかで悩んでいた時期でした。まだお子様が高校生だった頃でしたので、生活面でのリスクが一番大きなウエイトを占めていたのではないかと思います。

それでも本体のバリバリの営業部長として数々の伝説的な仕事をしてきた彼にとって、まだまだ営業の第一線でお客様のために良い製品を提供したいという強い想いがあり、関連会社へ行って現場に出ることのない役員職には魅力を感じず、関連会社へ行くことはあまり気が進まなかったのでしょう。

結局五七歳で三四年勤め上げた会社の「早期退職の道」を選び、外資系の営業部長として次のステップへ行くことになります。

その転職先の会社でも営業部長として彼のネットワークを駆使して、良い成績を上げて過ごすのですが、彼のモットーであるお客様の視点で営業をすることや、売った後もフォローアップが重要であるなどということ、また自社の現場とのコミュニケーションなども重要視していたため、転職はしたものの自分の理想の営業像とは違い、なかなか思うような仕事ができない悩みも抱えていました。

最終的には約二年勤めた外資系ＩＴ会社を退職し、ずっと自分で調べて目標としていた起業への決断をしました。

決断した後の彼はすごい勢いで起業に向かって動き出しました。当面は個人事業者として動きますが、事業計画では法人化も既に視野に入れていて、事務所も既に用意し、会社の屋号や会社のメールアドレス、ホームページで使うドメイン名もすぐに決め、名刺の印刷もでき上がっていました。

驚いたことに会社のトレードマーク・デザインまでされていたのにはとても驚きました。この勢いは凄まじかったです。

目標を持った人間力は、想像以上のやる気と行動力を生む典型のようです。しかもそれらの仕事が「楽しくて、楽しくて」とお話されていて、ワクワク感が顔に出て、こちらにも十二分に伝わってくるくらいでした。

最初にお会いした時に感じた通り、やけに爽やかな顔をしている理由がよくわかったのでした。そんな彼を見ているとと私の経験が少しは生きているのかと、こちらとしてもとても嬉しい気分になりました。

もちろん彼には定年後の様々な生活変化もお話してきており、その中には決してたやすいことばかりではなく、厳しい現実もあること。今まで属していた組織がなくなることによる不安やスタッフがいない寂しさも出てくること。そして当たり前ですが、仕事が取れなければお金が入らない現実も十分認識することをお話しました。

これからの彼は今までの経験を活かし、定年退職後の黄金期をイキイキと楽しく、充実した人生を過ごすだろうと確信しています。

そしてそれを彼のご家族、お客様、友人など彼の周りにいる人たちにとても素敵な笑顔と共に良い影響を与え、そこからさらに連鎖反応でたくさんの人たちが幸せになっていくことを想像しています。

あとがき

最後までお読みいただきまして有難うございました。

皆様のこれからの人生を輝かすために役立つヒントがありましたでしょうか？

これから動き出せる自信はつきましたでしょうか？


自分が幸せで笑顔で生きていることは、周りの人たちにも幸せをもたらします。逆に、いつもつまらなそうな顔で頭の中は仕事だけという生き方は、周りの人たちまでつまらない状況にしてしまいます。

一度しかない人生を楽しく生きるか、辛く生きるかは、思い方次第です。もしも、今までの会社人生がとても厳しい、楽しくない環境の中にあったとしたら、これからの定年後の二〇年～三〇年を、思い切り楽しく過ごしていただきたいと心から願っています。

今がすでに楽しい方は、さらに輝かせるには何があるのだろうと、さらに探して下さい。

この本は、私自身の経験に基づいて書き上げました。もしも少しでも役立つことがあれば、それを参考にして皆様流の定年後の黄金期を作り上げて下さい。

そして皆様がもっと元気で働き、遊び、ご家族も幸せになり、お付き合いされる多くの方達が元気になることで、日本全体を活力溢れる国にしていくことができればと願っております。それが明るい将来につながると確信しています。

そのためには、少しずつでも是非今日から動き始めて下さい。周りの人の心を掴んで下さい。皆様の黄金期を満喫して下さい。

この本を発行するにあたりまして、最初の企画から執筆中においても終始、的確なご助言をいただいたＫＫロングセラーズの真船壮介さん、そして自分では分からない私の引き出しをたくさん見つけてくださった私の講師塾の先生であり、ずば抜けた行動力と指導力をもった、志縁塾の大谷由里子先生には厚くお礼申し上げます。

そして自宅で何を書こうか悩んでいると、そっとアイデアをあたえてくれた妻や家族にも心から感謝しています。有難うございました。

そして最後になりますが、ケーススタディを書く際にお話を伺わせていただいた、良き先輩のＮ・Ｗさん、良き同期のＭ・Ｆさん、そして良き仲間のＴ・Ｙさん、大変お世話になりました。さらに最初に出版の手ほどきをいただいた藤岡比佐志さん、講師仲間の石川和男さん、励ましをいただいた多くの友人や講師仲間に心からお礼申し上げます。

そしてなによりも、この本をお求めいただきまして、最後までお読み下さいました有難い読者の皆様には最大級の謝辞をお送りします。

皆様のパワーアップを祈念して、ペンを置くことにいたします。

有難うございました。

野口雄志

定年後の人生を黄金期にする方法

著　者　　野口雄志
発行者　　真船美保子
発行所　　KK ロングセラーズ
　　　　　東京都新宿区高田馬場 2-1-2　〒 169-0075
　　　　　電話（03）3204-5161(代)　振替 00120-7-145737
　　　　　http://www.kklong.co.jp

印　刷　　大日本印刷(株)　　製　本　(株)難波製本
落丁・乱丁はお取り替えいたします。※定価と発行日はカバーに表示してあります。
ISBN978-4-8454-2416-0　Printed In Japan 2018